“一带一路”之中亚资源战略合作前景的研究和思考

江　兰　编著

中国地质大学出版社
ZHONGGUO DIZHI DAXUE CHUBANSHE

图书在版编目(CIP)数据

“一带一路”之中亚资源战略合作前景的研究和思考/江兰编著．—武汉：中国地质大学出版社，2016.12

ISBN 978-7-5625-3929-2

Ⅰ.①一…

Ⅱ.①江…

Ⅲ.①资源战略-区域经济合作-研究-中亚

Ⅳ.①F113.3

中国版本图书馆 CIP 数据核字(2016)第 280995 号

“一带一路”之中亚资源战略合作前景的研究和思考	江兰　编著

责任编辑：唐然坤　　选题策划：张瑞生　　责任校对：张咏梅

出版发行：中国地质大学出版社(武汉市洪山区鲁磨路 388 号)　邮政编码：430074

电　话：(027)67883511　传　真：67883580　E-mail：cbb@cug.edu.cn

经　销：全国新华书店　http://www.cugp.cug.edu.cn

开本：787mm×960mm 1/16　字数：107.8 千字　印张：5.5

版次：2016 年 12 月第 1 版　印次：2016 年 12 月第 1 次印刷

印刷：武汉市籍缘印刷厂　印数：1—1 000 册

ISBN 978-7-5625-3929-2　定价：35.00 元

序

由江兰编著的《"一带一路"之中亚资源战略合作前景的研究和思考》一书即将问世,值得欢迎。

作者长期在中亚地区进行学习、工作和研究,具有熟悉中亚地区情况、了解地区需求与经济状态、与该区相关部门和人员联系广泛及关系紧密等优势,所以在这个基础上完成上述专著有其独特的意义和价值。

结合当今我国建设"新丝绸之路经济带"和"21 世纪海上丝绸之路"的"一带一路"战略的提出和推进,作为此战略重点贯通的中亚地区将越来越引起人们的普遍关注。中亚地区矿产资源丰富,种类繁多但开发不足,而我国具有资金、技术、设施及人员等方面的实力,但有对相关矿产资源方面的短缺。因此,我国与中亚地区具有地缘利益协同、经济结构互补等合作优势,在"一带一路"战略背景下,我国与中亚国家的未来合作潜力巨大,具有互利双赢的美好前景。但是,为进一步推进联系与合作,也存在诸多不确定性与挑战。本书作者以自己在中亚长期工作的亲身感受及相关理论研究,就与中亚各国在资源能源等优势领域的合作空间、合作模式、合作前景、风险识别和管控等方面提出具有创意的见解、相应对策和具体建议。

本书是作者在中国地质大学进行博士后流动站工作期间的部分研究成果及以俄语出版的名为"中国与中亚诸国经济合作发展前景"(2014)专著的基础上,结合"一带一路"战略的发展需求而进一步开展研究的新成果。本书的出版将更加清晰地明确我国在这一地区的战略投资方向,合理规避风险及有效规划部署工作的途径,这对我国推进"两个市场,两种资源"的战略和"一带一路"发展战略具有现实意义和重要参考价值,值得一读。

2016.12.6

Foreword

"The Silk Road Economic Belt and the 21st — Century Maritime Silk Road", abbreviated as "B&R", is initially proposed by China as an international development strategy to enhance cooperation and connectivity among China and countries situated on the original Silk Road through Central Asia, West Asia, the Middle East, and Europe. The author of this book has demonstrated her insight in a compendium of environment, policy, opportunities and challenges for cooperation and investment in the Central Asia. Such a condensed but relevant analysis may serve as a reference for governments and enterprises to explore appropriate investment orientations and cooperation domains effectively evading potential risks and maximizing profit.

The book consists of 6 chapters each covering a relevant topic. The first chapter introduces the background of writing the book. Chapter 2 analyses the conditions of countries in Central Asia in terms of geography, natural resources, economy and politics. Analysis of geopolitical situation in this area leads to the cooperation necessity between China and other countries in pursuit of common prosperity and regional stability. Chapter 3 proceeds with an introduction of the exploitation status of natural resources and major types of resources for each country in Central Asia, followed by perspective suggestions for specific cooperative domains for prospection. Chapter 4 discusses the assessment of the investment climate and risks of countries in Central Asia. The next Chapter 5 introduces financial strategy to enhance their connections on the basis of the current cooperation in Central Asia. Chapter 6 is devoted to specific cooperation modes in terms of natural resources and energy between

В целом книга полезна специалистам, занимающимся горнорудной промышленностью и отдельно категории граждан интересующихся странами Центральной Азии.

Руководитель
геологической службы Таджикистана М.Х.Джумазода

前　言

2013年9月和10月，习近平总书记先后提出了建设“新丝绸之路经济带”和“21世纪海上丝绸之路”的战略构想。2015年3月28日经国务院授权，国家发展和改革委员会、外交部、商务部联合发布了《推动共建丝绸之路经济带和21世纪海上丝绸之路的愿景与行动》，这一构想已经引起了相关国家、地区，乃至全世界的高度关注和强烈共鸣。丝绸之路经济带重点贯通中国经中亚、俄罗斯至欧洲(波罗的海)，中国经中亚、西亚至波斯湾、地中海，中国至东南亚、南亚、印度洋。21世纪海上丝绸之路重点方向是从中国沿海港口过南海到印度洋，延伸至欧洲，以及从中国沿海港口过南海到南太平洋。根据基础设施的乘数效应，每投入10亿美元的基础建设投资，将新增3万～5万个就业岗位，国内生产总值增加25亿美元。共建“一带一路”肩负的使命是促进全球2/3人口的发展，这是造福沿途各国人民的事业，也为人类发展做出重大贡献。

中国人口众多，矿产资源人均探明储量占世界平均水平的58%，位居世界第53位。其中，石油、天然气人均探明储量分别相当于世界平均水平的7.7%和8.3%，铝土矿、铜矿、铁矿分别为世界平均水平的14.2%、28.4%和70.4%；镍矿、金矿分别为世界平均水平的7.9%、20.7%；煤炭资源人均占有量仅为世界平均水平的70.9%。而中亚地区的矿产资源储量丰富，种类繁多，是中国资源进口的重要来源地。中国从哈萨克斯坦进口的铀矿砂，占进口量的70%；从塔吉克斯坦进口的锑、铅等有色金属，占其出口量的80%；从吉尔吉斯斯坦进口的黄金等贵金属，占其出口总量的1/3。截至2015年12月14日，中亚天然气管道正式开通运营了6周年。6年来中国通过中亚天然气管道累计进口天然气$1350\times10^8m^3$。

由此可见，当前中国与中亚国家具有地缘利益协同、经济结构互补等优势，不仅在能源供需与安全上形成紧密的合作关系，而且在矿产资源、产品贸易、境外投资、工程承包等领域都有很大的合作空间，从而在完善贸易结构与提升合作层次过程中消化国内的过剩产能及促进各国经济结构转型升级。在丝绸之路经济带建设背景下，中国与中亚国家未来合作潜力巨大，但也存在诸多不确定性与挑战。对此，中国与中亚国家需要加强在基础设施、资源能源领域、跨境金融与自由贸易区等方面的合作，为未来双边互利合作注入新动力。本书将主要在资源能源领域的优势资源合作空间、合作模式、合作前景，机遇和挑战，风险识别和控制等方面结合作者本人在这一区域的长期学习、工作经验，做比较详细的研究和分析。

江　兰

2016 年 1 月

目 录

1 绪 论

1.1 选题意义

矿业、能源是经济社会发展的基础性产业，随着经济全球化的发展与WTO体制的建立和完善，矿产资源配置全球化趋势已极为明显，国际矿产资源竞争日益激烈。中亚国家是我国的友好邻邦，处在"一带一路"的咽喉位置，该地区曾是"苏联"时期的战略能源储备基地，中国与中亚国家不论是在经贸投资领域还是能源供给领域都存在巨大的互补性，涵盖了石油、天然气、矿产等资源领域，以及包括交通、电信、机械、轻工产品、农业等潜力巨大的非资源领域。在资源领域中，中国能够获得稳定多元的石油天然气进口来源，中亚国家获得更高的能源出口收益，双边可以在能源供需安全的环境下实现互利共赢。

目前，中国的能源安全局势非常突出。首先，供求失衡愈发严重。2014年，中国石油对外依存度已经达到59.5%（汪民等，2014）。按照国际原子能机构预测，2020年中国石油对外依存度将达到68%，但目前国家原油储备不够，储备体制不健全。其次，来源区过于单一。原油进口的70%以上来自于政治局势较为动荡的中东和非洲地区。再次，运输线路单一。尤为严峻的是，原油进口线路主要依靠海上运输，有4/5通过印度洋—马六甲海峡线路，形成所谓的"马六甲困局"，严重影响了国家能源安全，亟须打通"南下"东南亚和"西进"中亚地区的陆路通道。开发中亚地区尤其是里海地区，有助于原油供应多元化，同时可以通过中亚国家，陆路连接中东，获取石油，减少对马六甲海峡的依赖（胡鞍钢，2014）。

随着苏联的解体，各加盟共和国走上了艰难的经济复兴之路，在相对稳定的形势下保持着一定的经济增长。中亚五国国情、经济发展模式等方面有着相似性的同时，又存在很大的差异，为此作者旨在从中亚五国国情解读、优势资源分析，以及投资环境、合作前景、投资风险等方面对中国能源资源投资者的影响和挑战做出系统、科学的分析并提出切实可行的对策和建议，界定出可能进行合作的矿业开发领域，对国家倡导的“走出去”战略也具有很强的现实意义，也希望该研究能够对我国矿产资源开发“走出去、引进来”和“利用国内国外两个市场、两种资源”的战略方针发挥一定的参考作用和现实意义。更加清晰地明确中国政府、中资企业在这一地区的战略投资方向，合理规避风险，并使其利用资源优势满足国家的建设需求和自身的投资效益。

1.2　选题来源

鉴于作者长期在中亚地区研究和工作的优势，结合当前国家“一带一路”的战略布局，以及中国资源、能源需求的紧迫性，因而进行该选题的研究。

1.3　研究内容

本书将结合作者在这一区域的长期学习、工作经验，比较详细地研究和分析中亚各国家国情及地缘利益政治格局，中亚资源、能源开发现状，中亚矿产资源投资环境比较与投资风险分析，中亚地区区域组织比较和金融战略构想，中亚资源、能源战略合作模式的思考和建议，风险识别和风险控制与防范等方面的内容。

2 中亚国情及地缘政治利益格局浅析

2.1 哈萨克斯坦

作为世界上最大的内陆国，哈萨克斯坦面积为 $272.49\times10^4 km^2$，约占地球陆地表面积的 2%，领土横跨亚、欧两洲，以乌拉尔河为洲界。国土面积排名世界第 9 位。东南连接中国新疆，北邻俄罗斯，南与乌兹别克斯坦、土库曼斯坦和吉尔吉斯斯坦接壤。国境线总长度超过 $1.05\times10^4 km$。哈萨克斯坦通过里海可以到达阿塞拜疆和伊朗，通过伏尔加河、顿河运河可以到达亚速海和黑海。

哈萨克斯坦经济以石油、天然气、采矿、煤炭和农牧业为主，加工工业和轻工业相对落后，大部分日用消费品依靠进口。由于受苏联影响，哈萨克斯坦在独立后才推行市场经济和私有化。

金融危机爆发后，哈萨克斯坦经济增长速度骤减。2008 年国内生产总值增幅降至 3.2%。2009 年上半年国内生产总值为负增长，但进入下半年经济滑坡势头基本得到扼制，全年国内生产总值维持 1.2%的增长。2010—2012 年，随着世界经济的复苏、国际市场需求恢复以及能源和金属等国际价格的稳定，哈萨克斯坦经济开始强劲反弹，出口开始增长。此外，主要贸易伙伴国的经济恢复、需求增长在一定程度上也促进了哈萨克斯坦商品出口量增大。关税同盟的深入发展，对哈萨克斯坦的贸易增长亦有一定贡献。

2.2 吉尔吉斯斯坦

吉尔吉斯斯坦位于欧亚大陆的腹心地带，不仅是连接欧亚大陆和中东的要冲，还是大国势力东进西出、南下北上的必经之地。面积为 $19.85\times10^4\,km^2$，是位于中亚东北部的内陆国。东南和东面与中国相接。北与哈萨克斯坦相连，西接乌兹别克斯坦，南与塔吉克斯坦接壤。

境内多山，全境海拔在 500m 以上，其中 1/3 的地区在海拔 3000～4000m 之间。天山山脉和帕米尔-阿赖山脉绵亘于中吉（中国至吉尔吉斯斯坦）边境。其中天山山脉西段盘踞境内东北部，西南部为帕米尔-阿赖山脉。中吉边界的托木尔峰为最高的山峰，海拔 7443m，位于该国东端。

高山常年积雪，多冰川。山地之间有伊塞克湖盆地、楚河谷地等。低地仅占土地面积的 15%，主要分布在西南部的费尔干纳盆地和北部的塔拉斯河谷地一带。牧场占土地总面积的 43%。

水力资源丰富。吉尔吉斯斯坦境内河流湖泊众多，水资源丰富，蕴藏量在独联体（全称独立国家联合体，是由苏联大多数共和国组成的进行多边合作的独立国家联合体，简称“独联体”）国家中居第 3 位，仅次于俄罗斯、塔吉克斯坦，潜在的水力发电能力为 $1450\times10^8\,kW\cdot h$，目前仅开发利用了 10%左右，建有托克托古尔水电站（$120\times10^4\,kW$）。

吉尔吉斯斯坦矿产资源较丰富。就其总量而言，虽不及邻国哈萨克斯坦和乌兹别克斯坦，但仍具有一定的优势。煤、汞、锑矿储藏较丰富。吉尔吉斯斯坦境内共发现各类矿产地 2000 多处，拥有化学元素周期表中的大多数元素，得到工业开发的仅是部分矿产资源，许多资源的储量和分布情况有待进一步勘探研究，以确定开发前景。截至 2014 年 9 月，探明储量的优势矿产有金、钨、锡、汞、锑、铁等。

吉尔吉斯斯坦农产品加工是工业化经济的重要组成部分，有丰富的矿藏，但缺乏石油等。吉尔吉斯斯坦人均水资源居全球前列。该国的最大援助和投资国是哈萨克斯坦和俄罗斯。

截至 2014 年，在吉尔吉斯斯坦司法部正式登记注册并开展活动的政党有 140 余个党派。其中，故乡党、社会民主党、尊严党、共和国党和祖国党为吉尔吉斯斯坦的主要政党，也是议会中的五大党派。2014 年 3 月，社会民主党、尊严党和祖国党宣布组成新的执政联盟，共和国党与故乡党成为议会反对党。

2.3 塔吉克斯坦

塔吉克斯坦共和国简称塔吉克斯坦，全国面积 $14.31\times10^4km^2$，东西长 700km，南北宽 350km，是中亚最小的国家，位于中亚东南部。其东部、东南部与中国新疆接壤(430km)，南部与阿富汗交界(1030km)，西部与乌兹别克毗邻(910km)，北部与吉尔吉斯斯坦相连(630km)。

境内多山，山地面积约占国土面积的93%，有“高山国”之称。北部山脉属天山山系，中部属吉萨尔-阿尔泰山系，东南部为冰雪覆盖的帕米尔高原，最高的为共产主义峰，海拔为7495m。北部是费尔干纳盆地的西缘，西南部有瓦赫什谷地、吉萨尔谷地和喷赤谷地等。

境内大部分河流属咸海水系，主要有锡尔河、阿姆河、泽拉夫尚河、瓦赫什河和菲尔尼甘河等，水力资源可观。湖泊多分布在帕米尔高原，其中喀拉湖最大，为盐湖，海拔3965m。

全境属典型的大陆性气候，高山区随海拔高度增加使大陆性气候加剧，南北温差较大。帕米尔山西部终年积雪，形成巨大的冰河。国内生产总值总计65.23亿美元(2011年)，人均国内生产总值831美元(2011年)。

塔吉克斯坦以有色金属(铅、锌、钨、锑、汞等)、稀有金属、煤、岩盐为主，此外还有石油、天然气、丰富的铀矿和多种建筑材料。铀储量居独联体首位，铅、锌矿居中亚的第1位；其次有铅、锌、钼、钨、锑、锶、金矿、石油、天然气、煤、岩盐、萤石等。境内还蕴藏多种建筑材料。

水力资源丰富，截至2014年位居世界第8位，人均拥有量居世界第1位，占整个中亚国家的一半左右，但开发量不足10%。工业产值通常占社会生产总值的一半以上，主要部门有采矿业、轻工、食品、有色冶金、化工、机器制造和电子工业。

塔吉克斯坦自独立以来，其主要延续“苏联”时期形成的经济结构和产业部门，偏重农牧业和资源开发型工业，农业方面以棉花种植为主，工业方面以有色金属冶炼为主，出口商品较为单一，主要为铝锭等资源初加工产品和棉花、干果等农产品，能源、机械设备、建材、食品和各种日用品均依赖进口。由于全境93%是山地，且多半为海拔3000m以上的高山，山高路险，交通不便。耕地面积亦极其有限，生产基础薄弱，自然资源难以开发，经济对外依赖性很强，外国援助和投资在塔吉克斯坦经济发展和社会稳定方面扮演重要角色。国内能源供应以水电为主，燃油和天然气基本依赖进口，季节性电力短缺现象较为严重。

金融危机以来，塔吉克斯坦政府为完成保障能源安全、保障粮食安全和摆脱运输困境三大战略任务采取了一系列的措施，并开始见效。2012年塔吉克斯坦国内生产总值总额约合76亿美元，同比增长7.5%，其中商品生产占46.1%，服务占42.3%，税收占11.6%。自独立建国以来，塔吉克斯坦是接受其他国援助最多的中亚国家，外国援助对其经济发展很重要。2012年塔吉克斯坦共接受来自45个国家的援助，合计7510万美元，援助物资共2.12×10^4 t。主要援助的国家有美国(46.4%)、俄罗斯(10.4%)、中国(10.2%)、荷兰(5.1%)、哈萨克斯坦(3.5%)。近年来，塔吉克斯坦政府致力于修建公路、隧道、电站，基础设施得到改善。

此外，在中亚国家中劳动移民的汇款对塔吉克斯坦的经济影响最大，2012年塔吉克斯坦在俄罗斯的劳动移民汇款总额为36亿美元，占国内生产总值总额的48%。据塔吉克斯坦移民机构统计，2012年在俄罗斯的塔吉克斯坦劳动移民为87.8万人，而据俄罗斯方面的统计该数字超过100万人。近年来，在国际社会加大援助力度、国际资源原材料市场向好、俄罗斯、哈萨克斯坦等国劳务市场繁荣的背景下，塔吉克斯坦经济一度出现较快发展趋势，外汇收入稳定增长，大型工程相继实施。

自2008年下半年起，受国际金融危机影响，塔吉克斯坦经济发展明显放缓。具体表现在：国际市场初级铝和皮、棉需求萎缩，价格大跌，对塔吉克斯坦的出口构成重创；出口空间缩减和流动性不足导致国内生产持续下滑，停工企业不断增多，企业负债加重；出境务工人员收入锐减，大批返乡人员对国内就业市场形成压力；国家外汇和财税收入减少，难以维持社会经济建设的大规模投入。但塔吉克斯坦贫困率从1999年的83%下降到2012年的38%，总体经济呈上升趋势。

2.4 乌兹别克斯坦

乌兹别克斯坦是中亚中部的内陆国家，其首都塔什干位于北纬 41°16′、东经 69°13′，西北濒临咸海，与哈萨克斯坦、吉尔吉斯斯坦、塔吉克斯坦、土库曼斯坦和阿富汗毗邻。

全境地势东高西低。平原低地占全部面积的 80%，大部分位于西北部的克孜勒库姆沙漠。东部和南部属天山山系和吉萨尔-阿赖山系的西缘，内有著名的费尔干纳盆地和泽拉夫尚盆地。境内有自然资源极其丰富的肥沃谷地。主要河流有阿姆河、锡尔河和泽拉夫尚河，均为内流河。

国民经济支柱产业是“四金”：黄金、“白金”（棉花）、“黑金”（石油）、“蓝金”（天然气）。但乌兹别克斯坦经济结构单一，加工工业较为落后。1923—1991 期间，其农业、畜牧业和采矿业发达，棉花产量占苏联的 2/3，生丝产量占苏联的 49%，洋麻产量占苏联的 90%以上，羊羔皮、蚕茧和黄金产量分别占苏联的2/3、1/2 和 1/3。该国轻工业不发达，62%的日用品依靠其他共和国提供。乌兹别克斯坦工业在中亚地区举足轻重，天然气、机械制造、有色金属、黑色金属、轻纺和丝绸等工业都比较发达。

乌兹别克斯坦资源丰富，矿产资源储量总价值约为 3.5 万亿美元。非金属矿产资源有钾盐、岩盐、硫酸盐、矿物颜料、硫、萤石、滑石、高岭土、明矾石、磷钙土以及建筑用石料等。

乌兹别克斯坦现在是世界第六大棉花生产国和第二大棉花出口国，世界第七大黄金生产国，同时也是区域内重要的天然气、煤、铜、石油、银和铀生产国。该国亦为计划经济向市场经济道路平稳转型的独特范例。

2.5 土库曼斯坦

土库曼斯坦面积为 $49.12\times10^4\ km^2$，是仅次于哈萨克斯坦的第二大中亚国家，在全世界排名为第 52 位。全境大部是低地，平原多在海拔 200m 以下，80％的领土被卡拉库姆沙漠覆盖。南部和西部为科佩特山脉和帕罗特米兹山脉。土库曼斯坦位于亚洲大陆的中心处，因此属于典型的温带大陆性气候，这里是世界上最干旱的地区之一。年平均温度为 14～16℃，日夜和冬夏的温差大，夏季气温长期为 35℃以上，在东南部的卡拉库姆(Karakum)曾经有 50℃的极端纪录，冬季在接近阿富汗的山区库什克河(Gushgy River)，气温也可以低至－33℃。年降水量则由西北面沙漠的 80mm，递增至东南山区的 240mm，雨季主要在春季(1～5 月)。科佩特山脉是全国降水量最高的地区。

土库曼斯坦是位于中亚西南部的内陆国。其西濒里海，北邻欧亚国哈萨克斯坦，东北部与内陆国乌兹别克斯坦接壤，东接阿富汗，南部是伊朗。该国属强烈大陆性气候，是世界上最干旱的地区之一。土库曼斯坦靠近里海的海岸线长 1768km，货物经水路出口须经过俄罗斯的伏尔加河和顿河。

土库曼斯坦矿产资源丰富，主要有石油、天然气、芒硝、碘、有色金属及稀有金属等，另有少量天青石、煤、硫磺、陶土、膨润土、地蜡等矿产资源。天然气远景储量为 $24.6\times10^{12}m^3$，居世界第 4 位；石油远景储量为 208×10^8t。石油和天然气工业储量分别为 2.13×10^8t 和 $2.7\times10^{12}m^3$，居世界前列。英国著名国际咨询公司“Gaffney , Cline & Associates”(简称 GCA)称，仅土库曼斯坦南约洛坦气田的储量就高达 4×10^{12}～$14\times10^{12}m^3$，为世界第三大单体气田。土库曼斯坦具备每年开采天然气 $2400\times10^8m^3$、石油 8000×10^4t 的潜能。石油产量从独立前的年产 300×10^4t 增加到后来的 1000×10^4t，天然气年产量达到 $600\times10^8m^3$，出口达 450×10^8～$500\times10^8m^3$。“苏联”时期，土库曼斯坦还储备着苏联境内 70％的碘和溴，以及锶、钾盐(50×10^8t)、食用盐(18×10^8t)和硫酸钠等。肉、奶、油等食品也已完全能够自给自足。土库曼斯坦还新建了多座火电站，该国公民用电全部免费。石油和天然气工业为土库曼斯坦的支柱产业。主要农作物包括棉花、小麦和稻米等。土库曼斯坦人善于编织地毯，该国以细羊毛编织的地毯闻名于世。

土库曼斯坦经济结构单一，长期以来(1923—1991 年)一直是苏联的原料供应地，以种植业和畜牧业为主。主要出口产品有天然气、石油制品、皮棉，主要进口产品有粮食、肉类、轻工业品。土库曼斯坦大型纺织企业的产品中有 90％

用于出口，并且大部分产品已经达到国际标准。产品远销美国、加拿大、法国、德国、瑞士等工业发达国家。主要农产品包括冬小麦和棉花。

2.6　中亚五国地缘政治格局浅析

中亚地处连接欧洲和亚洲、中东和南亚的十字路口，地理位置非常重要（图2-1），被陆权论者视为对控制欧亚大陆进而控制整个世界具有关键作用的“心脏地带”，这里历来都是大国博弈的舞台。在地缘上，中亚是我国稳固边疆、优化周边环境、争取有利战略空间的重要环节。稳固边疆是中国维护国家安全、推动经济发展的必要条件。我国通过上海合作组织（简称上合组织）等合作机制逐渐确立了较为有利的地缘优势，赢得了宝贵的战略缓冲空间。

图2-1　中亚地区示意图

值得一提的是，1995年12月12日第50届联合国大会通过决议，承认土库曼斯坦为永久中立国。1995年12月27日，土库曼斯坦人民委员会对宪法进行了修改和补充，将土库曼斯坦中立国地位写入宪法，又在国歌和国旗中加以体现。中亚5个国家中土库曼斯坦是永久中立国。

永久中立国是指将永世中立奉为国家政策的国家，永久中立国为根据条约或单方发表的宣言，不论在平时或战时永久奉行中立政策的国家。在世界近200个国家中，已有7个国家宣布为永久中立国，并得到国际上的普遍承认，它们分别是瑞士、奥地利、瑞典、芬兰、爱尔兰、哥斯达黎加、土库曼斯坦。任何一个国家在非战时都是中立的，为区分出一个清晰的永久中立概念，比较明显的一个特征就是永久中立国是否有他国的军事基地。永久中立国除其自身自卫外，不得参加任何对别国的战争或武装冲突。当永久中立国自卫时，本国武装进入他国的领土，到达他国领土的何种程度才不是武装入侵，要以战争法的原则分析。

永久中立国为保持中立地位，一般不会与他国进行大规模联合军事演习，不会进口尖端武器。所以，在某种程度上看，永久中立国的军事战略地位不突出。在全球防务理性发展永久中立国，某种程度上可以积极履行相关义务。比如反恐问题，只要没有与他国签订共同保障协议，永久中立国可以通过限制签证、签订引渡协议等防止恐怖势力的发展。永久中立国具有国际法主体地位。当他国军事飞机误入其领空，永久中立国有驱逐的权利。这种驱逐往往以自卫性军事常规方式进行。

中亚五国中只有土库曼斯坦和塔吉克斯坦没有他国军事基地，吉尔吉斯斯坦曾经同时有美国和俄罗斯的军事基地。

此外，中亚地区丰富的石化能源以及其他资源也吸引着世界各国的眼光，能源成为大国角逐中亚的重要目标。而中亚各国对于大国的青睐，可谓“来者不拒”。中亚各国历来奉行多方位外交，善于借助大国博弈实现自身利益最大化。它们不拒绝任何大国进入中亚，但在谋求好处的同时他们并不希望介入大国的政治纷争。在中亚国家的外交政策中，侧重点有所不同，土库曼斯坦奉行中立外交，乌兹别克斯坦在俄罗斯和西方国家之间游离不定，吉尔吉斯斯坦、塔吉克斯坦和哈萨克斯坦则以俄罗斯为外交最优先方向。

有学者根据区域特征进行了区段划分，以中国作为“丝绸之路”经济带的东端为起点，向西一带划分为功能有所差异的三大层段：一是中亚经济带，哈萨克斯坦、吉尔吉斯斯坦、塔吉克斯坦、乌兹别克斯坦、土库曼斯坦；二是环中亚经济带，涵盖中亚、俄罗斯、南亚和西亚，包括俄罗斯、阿富汗、印度、巴基斯坦、伊朗、阿塞拜疆、亚美尼亚、格鲁吉亚、土耳其、沙特、伊拉克等以及上述中亚地区;三是亚欧经济带,涵盖环中亚地区、欧洲和北非,包括欧洲的德国、法国、英国、意大利、乌克兰等地区,北非的埃及、利比亚、阿尔及利亚等地区,以及上述中亚地区。同时指出中亚经济带是“丝绸之路经济带的核心区”,虽经济发展水平整体落后,但中亚地区地处亚洲中心,扼守亚、欧两洲陆路通道(胡鞍钢,2014)。

2012年,中亚地区(不含中国)共有人口6500万,国内生产总值规模为2987亿美元。该区与中国共有3000多千米的边境线,共同面临“三股势力”的侵扰,具有进行地区稳定、能源资源、经济贸易合作的天然需求和开发潜力。2001年上海合作组织(简称上合组织)成立以来,中国目前已成为中亚国家最主要的贸易伙伴和投资伙伴,但比重仍有待提高。共建“丝绸之路经济带”有助于中国西部大开发和中亚各国经济发展,深化中国与中亚地区的能源资源合作,并促进该区域的和平稳定与繁荣发展。

3　中亚资源、能源开发现状，优势资源及合作空间

3.1　中亚资源开发现状

中亚地区的矿产资源储量丰富、种类繁多，是中国资源进口的重要来源地。中国从哈萨克斯坦进口铀矿砂，占其进口量的70%；从塔吉克斯坦进口锑、铅等有色金属，是其出口量的80%；从吉尔吉斯斯坦进口黄金等贵金属，占其出口量的1/3(李大伟，2014)。中国对中亚国家的投资增长迅速，主要集中在采矿业。2012年，中国对中亚国家的直接投资规模为33.77亿美元，比2007年增长了8.95倍，其中对哈萨克斯坦投资达到29.96亿美元，占总投资额的88.7%。中国对中亚国家的投资仍然偏重资源投资，在制造业领域的投资较少。这既有投资者经营行为惯性的微观缘故，也有该地区宏观经济环境偏差的原因。2013年上半年，中国在哈萨克斯坦的投资存量中的2/3流向采矿业，投资流入制造业的规模较小。

3.1.1　哈萨克斯坦资源开发现状

哈萨克斯坦资源非常丰富，截至2014年已探明的矿藏有90多种。煤、铁、铜、铅、锌产量丰富，且铀矿产量很高，被称为“铀库”，此外里海地区的油气资源也十分丰富。钨储量占世界第1位，铬和磷矿石占世界第2位。铜、铅、锌、钼和磷的储量占亚洲第1位。铁、煤、石油、天然气的储量也较丰富，已探明的石油储量达100×10^{8} t，煤储量为39.4×10^{8} t，天然气储量为$11\ 700\times10^{12}$ m^{3}。主要资源开发以欧洲矿业公司为主，向中国出口初级矿产品。

3.1.2 吉尔吉斯斯坦资源开发现状

吉尔吉斯斯坦的金属矿产种类比较齐全，矿床成矿时代主要为海西期，现已登记矿权317处，探明储量已开采44处，处于勘探阶段的有211处。吉尔吉斯斯坦金矿资源丰富，估算资源量为3000～4000t，有很大的勘查和开发前景。该国是上合组织成员国，也是创立国之一，且是中亚五国中最早加入世界贸易组织（WTO）的国家（1999年），奉行对外开放政策，资源输出是其重要的经济支柱，且已制定了相应的法律法规。吉尔吉斯斯坦2010年的“4·7”事件（“颜色革命”，也被称为政变，实质是政权的更迭）之后，新出台了一系列有利于事件后期过渡政府、临时政府、现政府管理的政策，尤其是现政府统治下对本国矿产资源法规的调整和更改对中国企业在当地的投资、生产造成很大影响。

自金融危机以来，占吉尔吉斯斯坦国内生产总值约10％的“库姆托尔”金矿大幅减产，工业产值随世界金价和金矿产量大幅波动，严重制约了吉尔吉斯斯坦的工业增长。2012年吉尔吉斯斯坦工业总产值约合28.5亿美元，同比下降20.2％。2012年吉尔吉斯斯坦“库姆托尔”金矿全年开采黄金9.8t，与2010年的17.7t、2011年的18.1t相比，产量下滑明显；加工业产值有所增长，2012年纺织品产值92.5亿索姆（索姆为1993年后吉尔吉斯斯坦本国货币），同比增长12.5％；食品产值185.5亿索姆，同比增长3.5％；矿产资源开采有所增长，2012年非金属矿产品产值104.4亿索姆，同比增长16.4％；采矿业产值69.2亿索姆，同比增长22.5％。

近年来，有一些中资企业如中国黄金、紫金矿业、山东黄金、亿阳集团、林宝集团等企业在该国从事矿产资源、能源投资。最著名的矿产资源投资公司为加拿大黄金公司，年上缴税额占该国总财政的50％。

3.1.3 塔吉克斯坦资源开发现状

塔吉克斯坦政府将矿产资源开发列入优先引资领域。塔吉克斯坦各类矿产资源较为丰富，目前已探明煤炭储量46×10^{8}t，石油1.131×10^{8}t，天然气$8630\times10^{8}m^{3}$。此外还有铅、锌、铋、钼、钨、锑、宝石等50多种矿物质，其中金矿28处，总储量达429.3t；有世界上第二大银矿区，即大卡尼曼苏尔银矿区，储量

7500t(李宝强,2012),但限于本国资金和技术实力,难以进行大规模矿产勘探开发。塔吉克斯坦政府鼓励外国企业投资矿产资源开发和矿产品加工,目前大卡尼曼苏尔银矿等的一些勘探权和采矿权项目正在进行国际招标。塔吉克斯坦的经济基础在中亚国家中最薄弱,但却是金融危机以来经济持续增长最快的中亚国家之一,2012 年国内生产总值是 2000 年的 252%,超过乌兹别克斯坦和吉尔吉斯斯坦的增速,以及独联体的平均值(182%)。

塔吉克斯坦有褐煤、气煤、焦炭和无烟煤等,探明储量共计 46×10^8t。焦炭质量及储量都属中亚之最,燃烧值高于 38 074.4J,煤炭含硫量小,为 0.1%~2%,储量 14×10^8t,是精炼优质金属不可缺少的燃料,主要分布在艾尼区。塔吉克斯坦无烟煤质量等级较高,排名世界第 2 位,储量 515×10^4t(Абдурахимов Б. А., 2011)。

金融危机初期,塔吉克斯坦工业负增长,随着水电立国战略的明确和多个项目的实施,塔吉克斯坦工业快速回升,2012 年塔吉克斯坦的工业产值约 20.3 亿美元,同比增长 10.4%。其中支撑塔吉克斯坦的水电业有较快发展,2012 年发电总量为 169×10^8kW·h,同比增长 4.5%,出口电能 6.667×10^8kW·h,同比增长了 1.5 倍。铝业发展低于预期,作为当时苏联 15 个加盟共和国中最贫穷的国家和中亚地区最大的原铝生产国,铝出口是塔吉克斯坦主要收入来源,塔吉克斯坦收入在很大程度上依赖于铝业的收益,2012 年原铝产量为 27.25×10^4t,同比减少 2%。

目前有一些中资企业如紫金矿业、特变电工、塔中矿业、中色股份等矿业公司在该国进行投资,另外有些规模较小的企业在进行煤矿开采方面的小规模投资。

3.1.4 乌兹别克斯坦资源开发现状

乌兹别克斯坦资源丰富,矿产资源储量总价值约为 3.5 万亿美元。截至 2014 年,探明有近 100 种矿产品。其中,黄金探明储量 3350t(世界第 4 位),石油探明储量为 5.84×10^8t,凝析油已探明储量为 1.9×10^8t,已探明的天然气储量为 2.055×10^{12} m^3,煤储量为 18.3×10^8t,铀储量为 18.58×10^4t(世界第 7 位),铜、钨等矿藏也较为丰富。截至 2014 年,乌兹别克斯坦天然气开采量居世界第 11 位,黄金开采量居世界第 9 位,铀矿开采量居世界第 5 位。

3.1.5 土库曼斯坦资源开发现状

土库曼斯坦矿产资源丰富，主要有石油、天然气、芒硝、碘、有色金属及稀有金属等。据土库曼斯坦官方公布的资料，土库曼斯坦石油和天然气的远景储量分别为 208×10^{8} t 和 24.6×10^{12} m^{3}，居世界前列。中国-中亚石油天然气管道的 4 条线的源头均为土库曼斯坦。

3.2 中亚优势资源合作前景

3.2.1 继续发挥能源进口大动脉优势

1. 丰富的油气资源

依据中亚各国发展规划或开发计划，未来中亚三国哈萨克斯坦、土库曼斯坦、乌兹别克斯坦的油气新增储量和可采储量将进一步扩大。其中，哈萨克斯坦将集中在里海地区，全面开发天然气田，加强油气的开采、伴生气的有效利用、商品气的生产规模扩大等。土库曼斯坦保证在 2020 年前的石油储量增加 11.23×10^{8} t，天然气储量增加 3.07×10^{12} m^{3}。预计到 2020 年，石油和凝析油的年产量为 5000×10^{4} t，天然气年产量达到 1750×10^{8} m^{3}。乌兹别克斯坦在未来 15 年内，石油探明储量将增加 6980×10^{4} t，凝析油增加储量 6570×10^{4} t，天然气探明储量增加 1.015×10^{12} m^{3}。

2. 油气勘探及炼化产业

基于中国与中亚各国企业所积累的丰富经验以及良好的合作基础，依据中亚各国的发展战略和规划及相关国家的政策法律，未来中国与中亚各国的能源合作，可在其指定的区块，进行油气勘探、油气开采、油气加工、伴生气有效利用、炼化、石油化工工业、基础设施建设等领域的广泛深入合作。

2015 年 12 月 14 日，中亚天然气管道正式开通运营 6 周年。6 年来，中国通过中国-中亚天然气管道累计进口天然气 1350×10^{8} m^{3}，在古老的丝绸之路上建设起我国第一条陆上能源进口大动脉。迄今为止，我国从境外进口天然气管道仅有两条：一条是起自土库曼斯坦的阿姆河右岸，横跨乌兹别克斯坦、哈萨克斯坦直到中国新疆霍尔果斯口岸的中国-中亚天然气管道；另一条是缅甸到云南的缅甸天然气管道。但是目前通过缅甸天然气管道进口的天然气数量还有限。而俄罗斯对西线天然气管道虽签订了意向书、备忘录和一些技术协议，但至今仍未达成商务合同。东线虽然签订了合同并宣称开工，但进展不快，尚未向中国输气。因此，中国-中亚天然气管道目前是我国陆上进口天然气的最重要渠道。

中国-中亚天然气管道(图 3 - 1)A、B、C 线从新疆霍尔果斯口岸进入我国境内，与西气东输二线相连接，中亚的天然气供应到我国华东地区的上海、浙江、江苏、江西，华南地区的广东、广西，并经过深圳到香港的海底管道供应香港 $10\times10^8 m^3$ 左右的天然气。中亚的天然气还经过西气东输管道到达陕北靖边，再经陕京管道输送到北京。目前，已有 2 亿多人口使用上从遥远的中亚输送来的清洁能源。中亚天然气管道的走向恰好沿着古丝绸之路，经过撒马尔汗、布哈拉等古丝绸之路上的历史名城，跨过戈壁大漠和雪山草原，被誉为新时期建设的能源丝绸之路，正与现在的"一带一路"对外开放战略相契合。

天然气管道工程建设及贸易中哈原油管道二期工程正在紧锣密鼓地建设(图 3 - 2)。中国-中亚天然气管道 C 线设计能力为输气量 $300\times10^8 m^3/a$，衔接中国境内西气东输三线，计划于 2015 年建成投产，已提前竣工，并于 2015 年 6 月正式向中国输气。

中国-中亚天然气管道 C 线与 A、B 线并行铺设，线路总长度 1830km，设计年输气能力 $250\times10^8 m^3$，设计压力 9.81MPa。管线起于土乌边境的格达依姆，经乌兹别克斯坦和哈萨克斯坦，于我国新疆霍尔果斯口岸入境，与国内的西气东输三线相连。气源包括土库曼斯坦天然气 $100\times10^8 m^3/a$，乌兹别克斯坦 $100\times10^8 m^3/a$，哈萨克斯坦 $50\times10^8 m^3/a$。C 线输气能力达到 $70\times10^8 m^3/a$(来源于新华网，2014)。

2014 年 9 月 13 日，中国国家主席习近平和塔吉克斯坦总统拉赫蒙共同出席了中国-中亚天然气管道 D 线塔吉克斯坦境内段开工仪式。中国-中亚天然气管道D线项目将为中国与中亚国家能源合作增加一条新的"蓝色"大动脉。

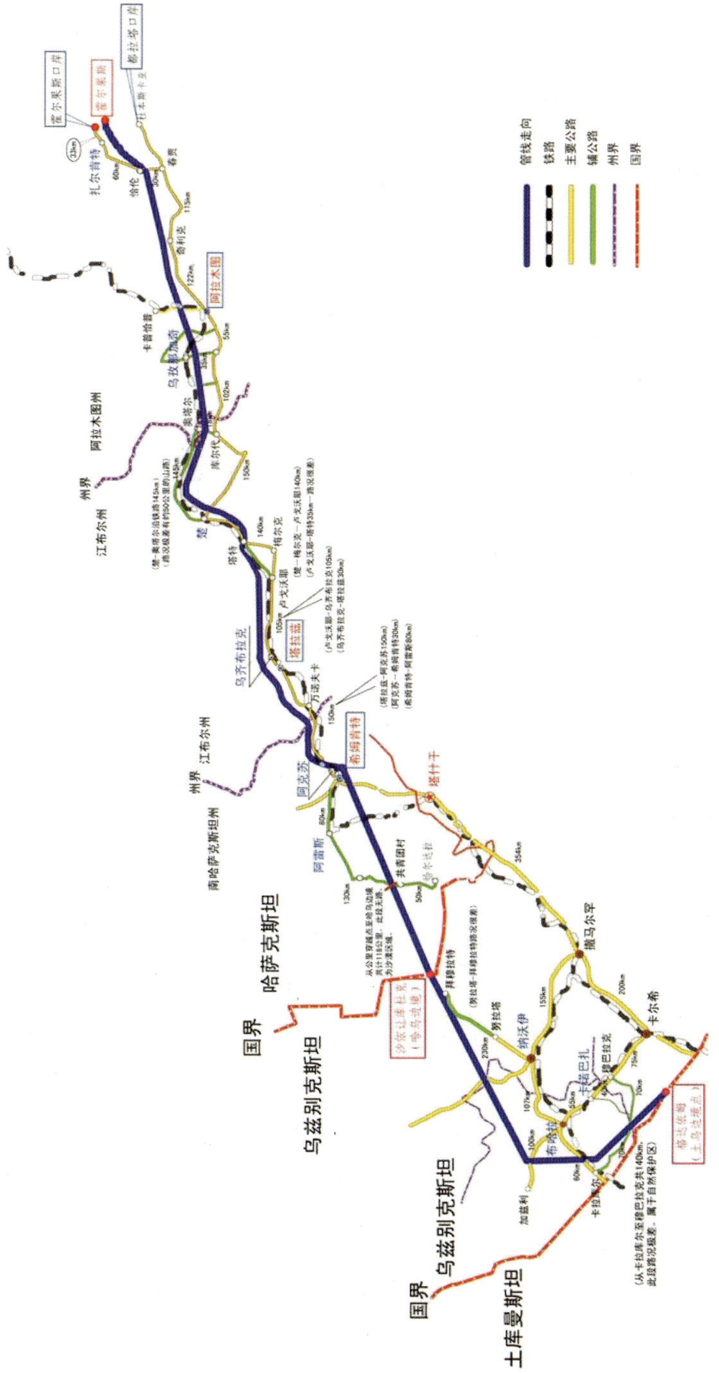

图 3－1　中国-中亚天然气管道项目管线走向示意图

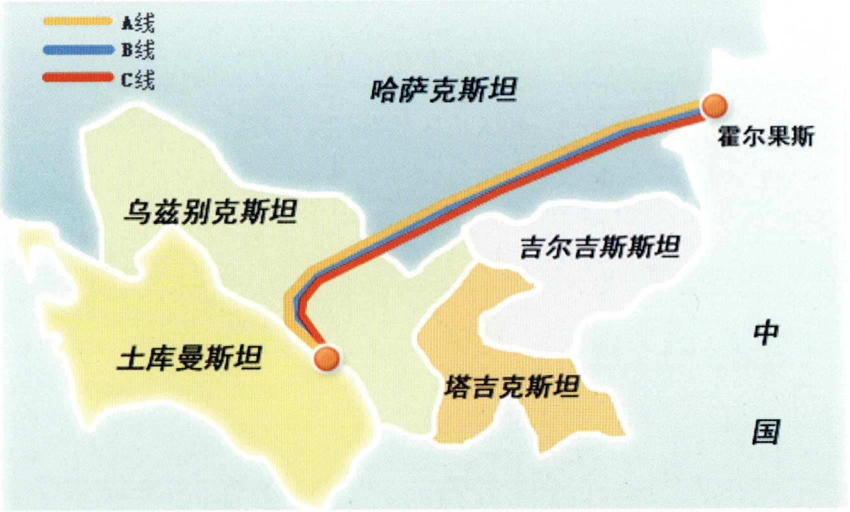

A线：2009年12月投产　　A\B线设计输气能力：$300\times10^{8}m^{3}/a$

B线：2010年10月投产　　C线设计输气能力：$250\times10^{8}m^{3}/a$

图 3－2　中国-中亚天然气管道示意图

目前，中国与土库曼斯坦已商定中国-中亚天然气管道 D 线路，并同乌兹别克斯坦、塔吉克斯坦、吉尔吉斯斯坦等国签署了 D 线过境协议。该条线路与中国-中亚 A、B、C 天然气管道线路不同的是将从新疆乌恰入境，这不仅在国家能源安全上有重要意义，同时还能拉动新疆南疆的基础建设，与中国西气东输五线连接（图 3－3）。

3.2.2　加速推进跨境电力与输变电能源大电网建设

电力合作在中亚五国和中国能源合作中的比重不大。然而，中国与中亚电力合作，不仅将有助于缓解中国电力紧缺的问题，还将形成一个以跨国或跨地区为特征的新型超大电力市场，有利于促进能源资源的跨国优化配置，蕴藏着巨大的潜力。因此，积极开展区域电网升级改造，加强煤电、水电一体化建设也符合“一带一路”建设宗旨。

图 3-3　中国境外天然气管道示意图（引自杨波、孟凤玲制图）

1. 中哈电力联网

中哈电力联网为双边电网和超级电网建设。哈萨克斯坦距离中国中、东部地区负荷中心的半径4000～5000km的区域，有丰富的烟煤和褐煤资源，以及较强的环境承载能力，具备建设大型坑口电站的条件。中哈电力联网合作，可采用特高压直流工程输电至中国的中部地区。

2. 中吉电力联网

吉尔吉斯斯坦与中国喀什地区毗邻，中吉电力联网合作在纳伦河上新建德日兰雷科水电站和乌奇昆水电站，总装机容量为266MW，年发电量为16.72×

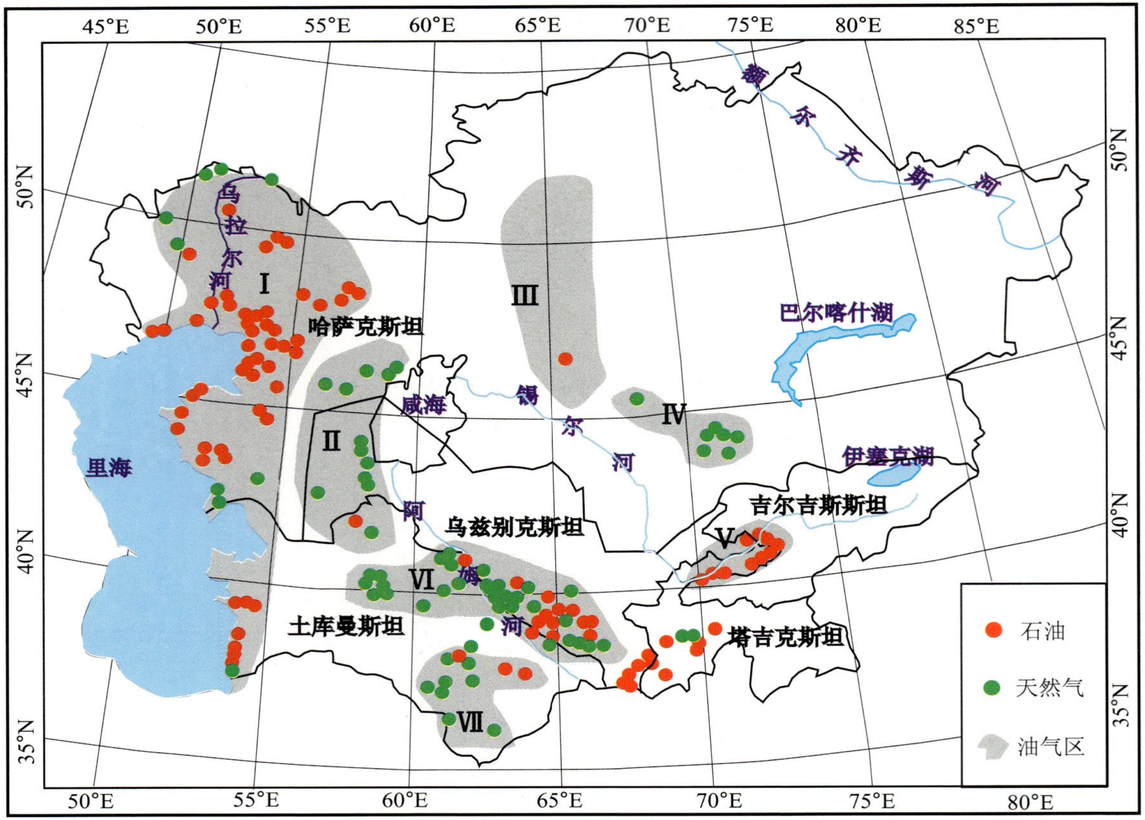

图 3－5　中亚地区石油、天然气分布图(据陈正、蒋峥,2012 修改)

油气盆地：Ⅰ.滨里海盆地；Ⅱ.滨咸海盆地；Ⅲ.南图尔盖盆地；Ⅳ.锡尔河盆地；Ⅴ.费尔干纳盆地；Ⅵ.滨阿姆河盆地；Ⅶ.卡拉库姆盆地

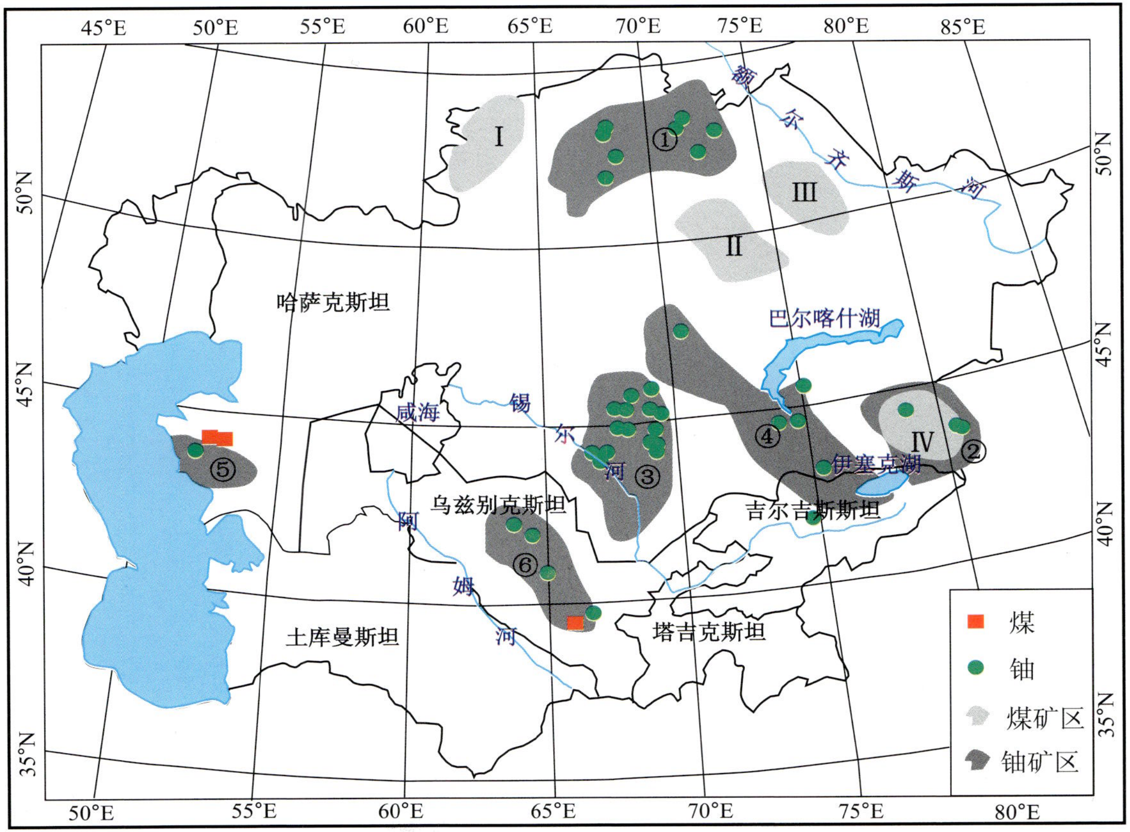

图 3-6 中亚地区铀矿、煤矿分布图（据陈正、蒋峥，2012 修改）

煤矿矿集区：Ⅰ. 吐尔盖盆地；Ⅱ. 卡拉干达盆地；Ⅲ. 巴普洛夫达尔盆地；Ⅳ. 伊犁盆地

铀矿矿集区：①北哈萨克矿集区；②伊犁矿集区；③锡尔河矿集区；④中克孜勒库姆矿集区；⑤滨里海矿集区；⑥楚伊犁矿集区

中亚五国的黑色金属矿产以铁、锰和铬 3 种为优势矿产，主要分布在哈萨克斯坦，在世界所占比重分别是 4.9％、13.5％和 51.4％。中亚地区钨、钼、铜、锌、锑和铝土矿 6 个矿种的储量在世界上占有突出地位。

金矿在中亚地区广泛地、成群带地分布，探明金矿储量达 4333t，占全球总量的 8.5％。其中，乌兹别克斯坦的探明储量最大，其次是哈萨克斯坦、吉尔吉斯斯坦和塔吉克斯坦。中亚地区金银矿床分布及其重要矿集区在塔吉克斯坦和吉尔吉斯斯坦。根据成矿区带和矿床分布，共划分出 8 个矿集区。重要的原生金矿类型有黑色岩系金矿、石英脉型金矿以及斑岩型铜金矿。南天山矿集区的穆龙套和库姆托尔两个超大型黑色岩系金矿居世界十大金矿之列。

3.2.3.1 吉尔吉斯斯坦矿产开发前景

吉尔吉斯斯坦金属矿产种类比较齐全，已发现有铁、铜、金、铅、锌、钨、锡、钼、汞、锑、银、稀土等 32 种矿产，探明储量的有 28 种。其中，金（＞700t）、铁（矿石储量 $100\times10^8\sim200\times10^8$t）、汞（＞$5.6\times10^4$t）、锑（＞$38\times10^4$t）、锡（＞$20\times10^4$t）、钨（＞$40\times10^4$t）、铜（＞$250\times10^4$t）等矿产规模较大，是吉尔吉斯斯坦的优势矿种。

吉尔吉斯斯坦地质工作程度较高，“苏联”时期已完成 1∶20 万区域地质调查、1∶20 万化探、1∶20 万及 1∶5 万的航空磁测等工作，80％地区已完成 1∶5 万区域地质调查。自 1991 年苏联解体后，吉尔吉斯斯坦地勘费用减少，勘查工作进度减慢。

吉尔吉斯斯坦矿床形成于前寒武纪、加里东、海西和阿尔卑斯四大旋回，而以海西旋回最为重要，其次是加里东旋回，前寒武纪是铁的重要聚集期，有超大型矿床产出，阿尔卑斯旋回时期主要为沉积矿产。

吉尔吉斯斯坦金矿资源丰富，在北、中、南天山都有分布。已发现原生金矿床、矿（化）点近 2000 处，求得储量为 1055 余吨，估算资源量为 3000～4000t。北天山的金属矿产以金、铜、铅、锌、稀土为主，矿种组合为金多金属、稀土多金属，大多数矿床共（伴）生组分多，单一矿种少，成矿时代以加里东期为主。南天山金属矿产以汞、锑、锡、钨为主，成矿时代主要为海西期，矿床的形成主要与后期构造和海西期热事件有关。登记的岩金矿和砂金矿共计116个，探明的金矿大型和中型14个，小型49个，砂金矿16个。该国有很长的采金史，不过从12世纪成吉思汗时代至19世纪，整个中亚的矿业就停滞了。近代的民采黄金是从20世纪开始，该时期俄罗斯成立了专门的、大规模的莫斯科塔吉克帕米尔探险队在中亚进行黄金勘探工作并有了最初的黄金摘要。如著名的库姆托尔金矿是在1978年被发现的，直到苏联解体进行了10年系统的勘探。有个别金矿在苏联解体后还进行过勘探工作。

"苏联"时期吉尔吉斯斯坦的4个大型金矿分布如下(图3-7)(Никоноров В. В.，2014)。

(1)捷鲁依金矿：金表内储量(C_1+C_2)为74.685t，平均品位6.3×10^{-6}；表外储量16.16t，平均品位3.06×10^{-6}。银表内储量(C_1+C_2)为13.3t。该矿于1969年被发现，1974—1984年间槽探23 556m^3，平硐35 575m，钻探51 874m。

(2)库姆托尔金矿：黄金储量316.6t，预测资源量750t，银388t，钨54 885t，其中金品位为4.4×10^{-6}，银品位为2.39×10^{-6}，钨品位为0.03×10^{-6}。矿床于1996年由吉尔吉斯斯坦政府和加拿大Cameco联合开采(露天和地下开采)，年产黄金20t。库姆托尔金矿距我国新疆边境仅60km。

(3)马克马尔金矿：金储量50t，品位6.33×10^{-6}。该矿发现于1967年，1969—1980年进行了大量的勘探工作，槽探46 000m^3，浅井1325m，平硐18 000m，钻探29 540m。1986年该矿开始进行露采。

(4)列瓦别列什内金矿(左岸)：金储量64.529t，品位$5.87\times10^{-6}\sim6.04\times10^{-6}$。该矿于1963年被发现，并在1977—1990年间做了大量勘探工作，槽探13 344m^3，平硐7791m，钻探97 253m。目前采矿权被中国紫金矿业公司获得。

吉尔吉斯斯坦已发现铁矿产地10余处，已探明铁矿石储量41.85×10^8t，预测资源量$100\times10^8\sim200\times10^8$t(图3-8)。

(1)铁矿床主要产于东部的杰德姆矿田，是吉尔吉斯斯坦最大的铁矿，"苏联"时期预测资源量57×10^8t，探明储量21.58×10^8t，为沉积变质型铁矿。

(2)吉尔吉斯斯坦第二大铁矿——巴拉-奇奇坎钒钛磁铁矿，铁矿石资源量为1.1×10^8t(Fe_2O_3含量为17.70%)，TiO_2资源量为2.372×10^8t(TiO_2含量为3.54%)，V_2O_5资源量为402×10^4t(V_2O_5含量为0.08%)。

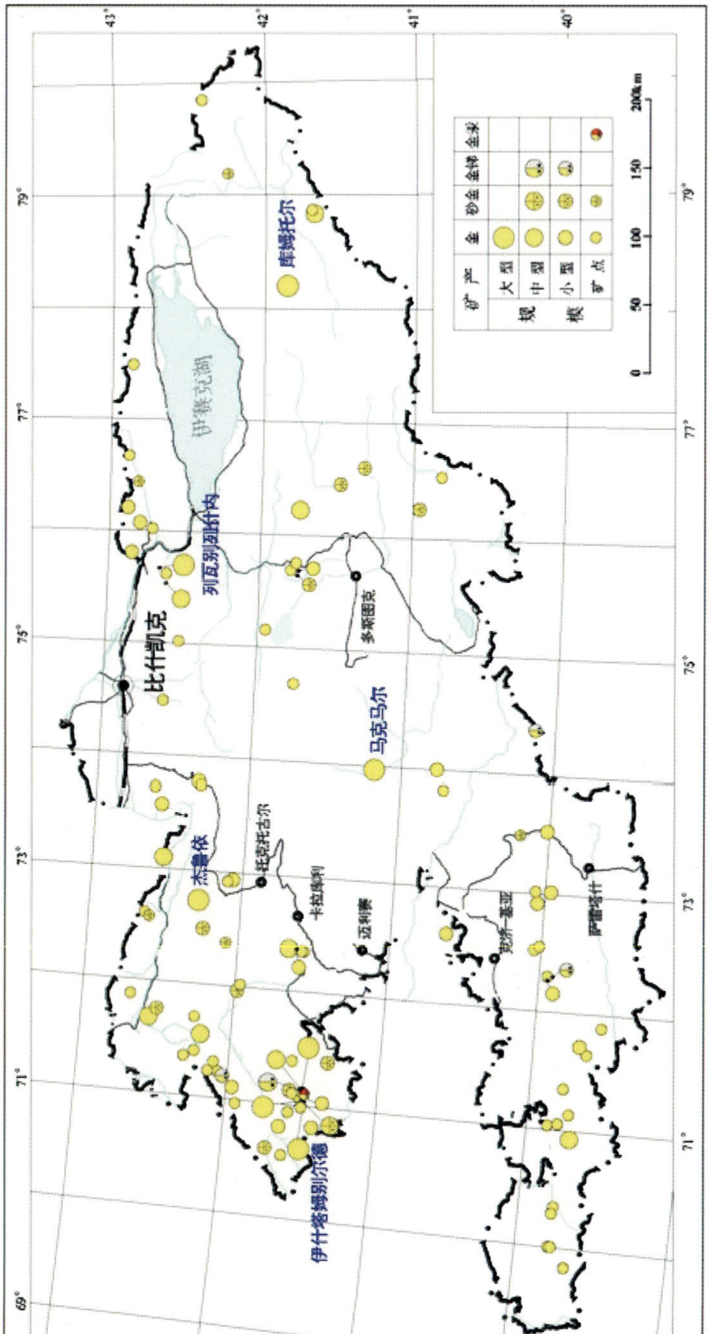

图 3－7　吉尔吉斯斯坦金矿分布图

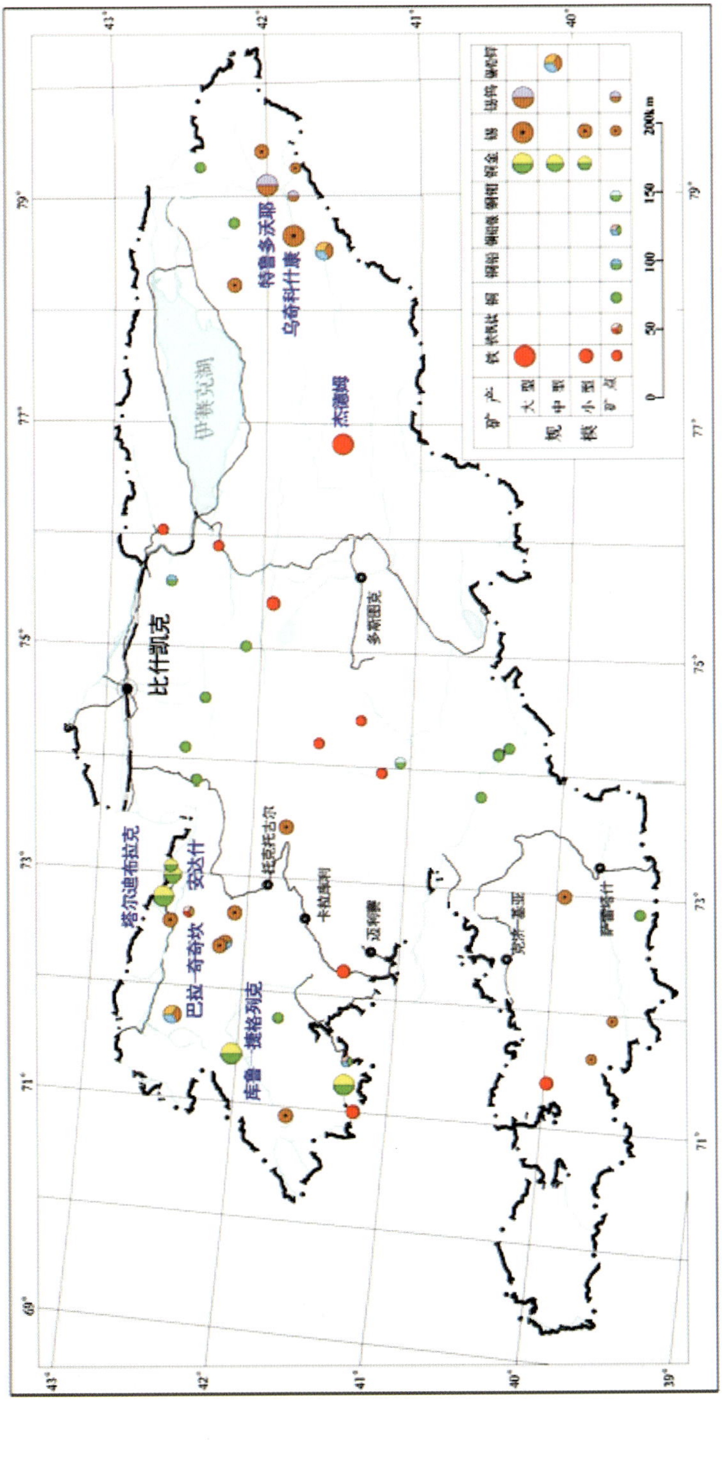

图 3-8 吉尔吉斯斯坦主要铁矿分布图

吉尔吉斯斯坦是中亚重要的汞锑基地。境内成型的汞矿床(点)43处,其中超大型2处;锑矿床21处,大型1处($>1\times10^5$t),中型7处(图3-9)。由于市场和资金原因,大部分矿山目前处于半停产状态。

(1)海达尔坎:汞储量为1.6281×10^4t;锑10.6797t;萤石为112.7×10^4t,现为AOOT Хайдарканское PAO公司所有(图3-9中25)。

(2)琼科依:汞储量为2.2698×10^4t,总储量和资源量为3.7724×10^4t,现为AOOT Хайдарканское PAO公司所有(图3-9中21)。

吉尔吉斯斯坦已知钨矿床(点)34处,探明WO_3储量32.84×10^4t,估算资源量16×10^4t。锡矿床(点)100余处,探明锡金属储量20余万吨(图3-10)。

(1)特鲁达沃耶钨锡矿床:WO_3品位为0.37%,储量为9.55×10^4t,锡品位为0.64%,储量为7.15×10^4t。该矿于20世纪60年代初被发现,此后至1989年,苏联对该矿区进行了全面的勘探工作,平硐221 615m,钻探302 100m,坑道212 372m^3。

(2)乌奇阔什孔锡矿床:锡品位为0.54%,储量为7.45×10^4t,WO_3品位为0.11%,储量为2.18×10^4t。

(3)肯苏钨矿床:储量为2.9×10^4t,WO_3品位为0.40%~0.58%,矽卡岩型。目前矿权由Saryjaz Mineral Mining Company持有,未开采。

吉尔吉斯斯坦已知铜矿床(点)1000余处,探明铜金属储量250×10^4t。

吉尔吉斯斯坦铅锌矿主要集中于北天山伊塞克地块,工作程度较低,目前尚未发现大型矿床,已知有20多处中小型矿床及矿点。

博尔杜铅锌矿床铅储量为19.13×10^4t,品位为2.49%,锌储量为6.07×10^4t,品位为0.83%。

3.2.3.2　哈萨克斯坦矿产开发前景

哈萨克斯坦金矿共计201个,其中大型9个(从类型上为斑岩型2个,脉岩型3个,矽卡岩型1个,剪切带型2个,VHMS型1个),中型18个,小型174个,分布如图3-11所示。

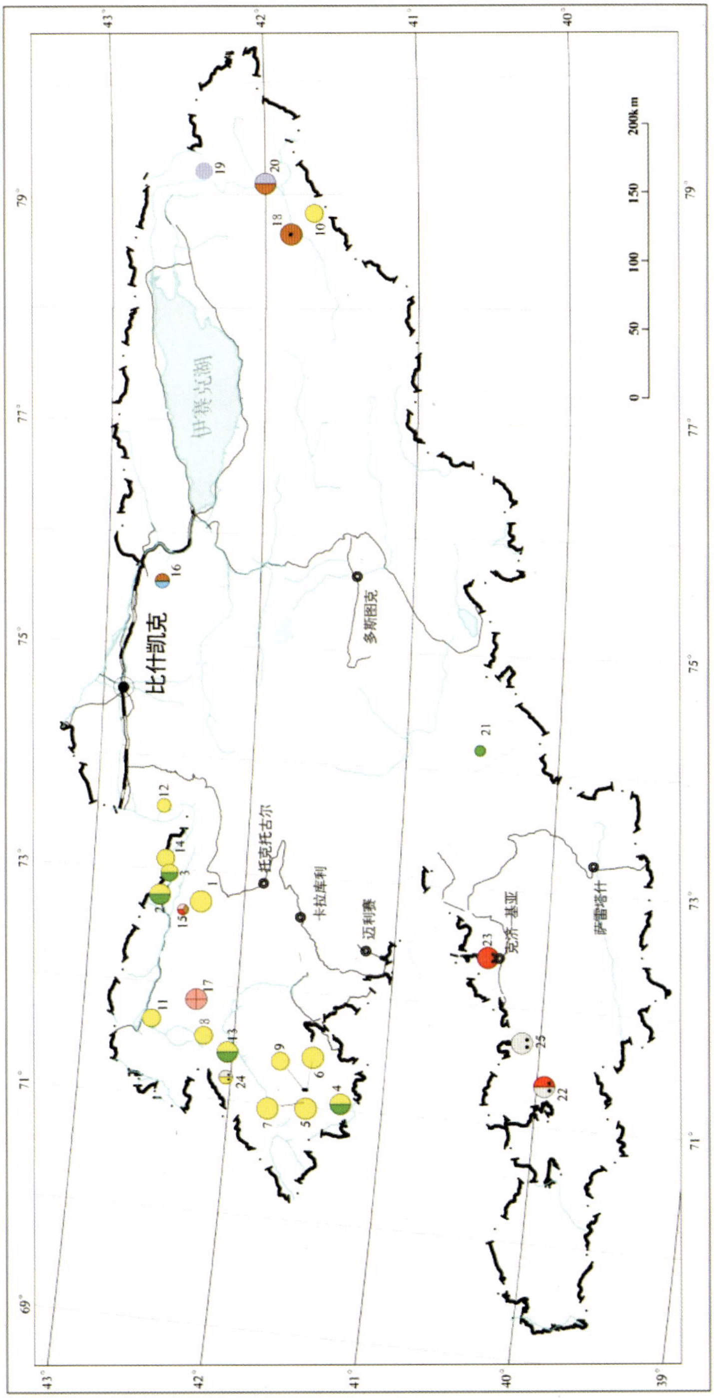

图3-9　吉尔吉斯斯坦主要汞锑矿分布图

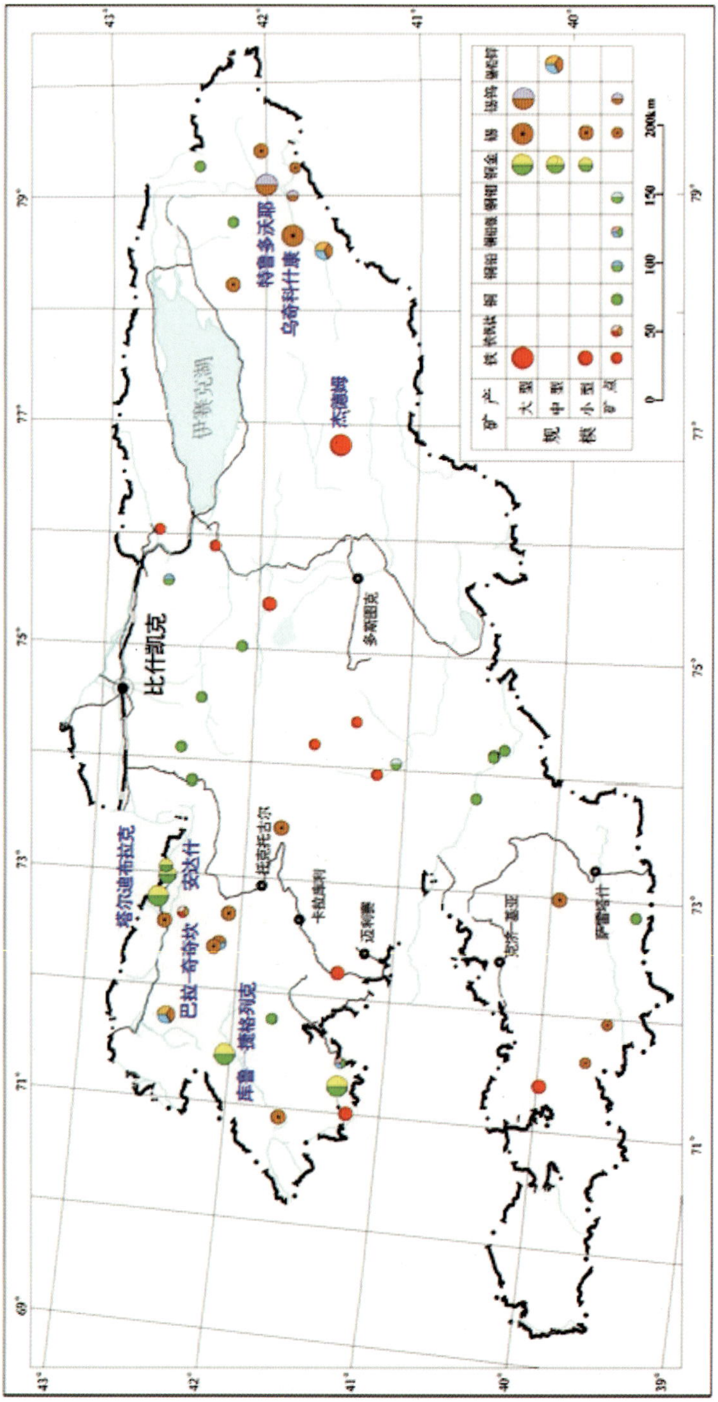

图 3-10　吉尔吉斯斯坦钨锡矿分布图

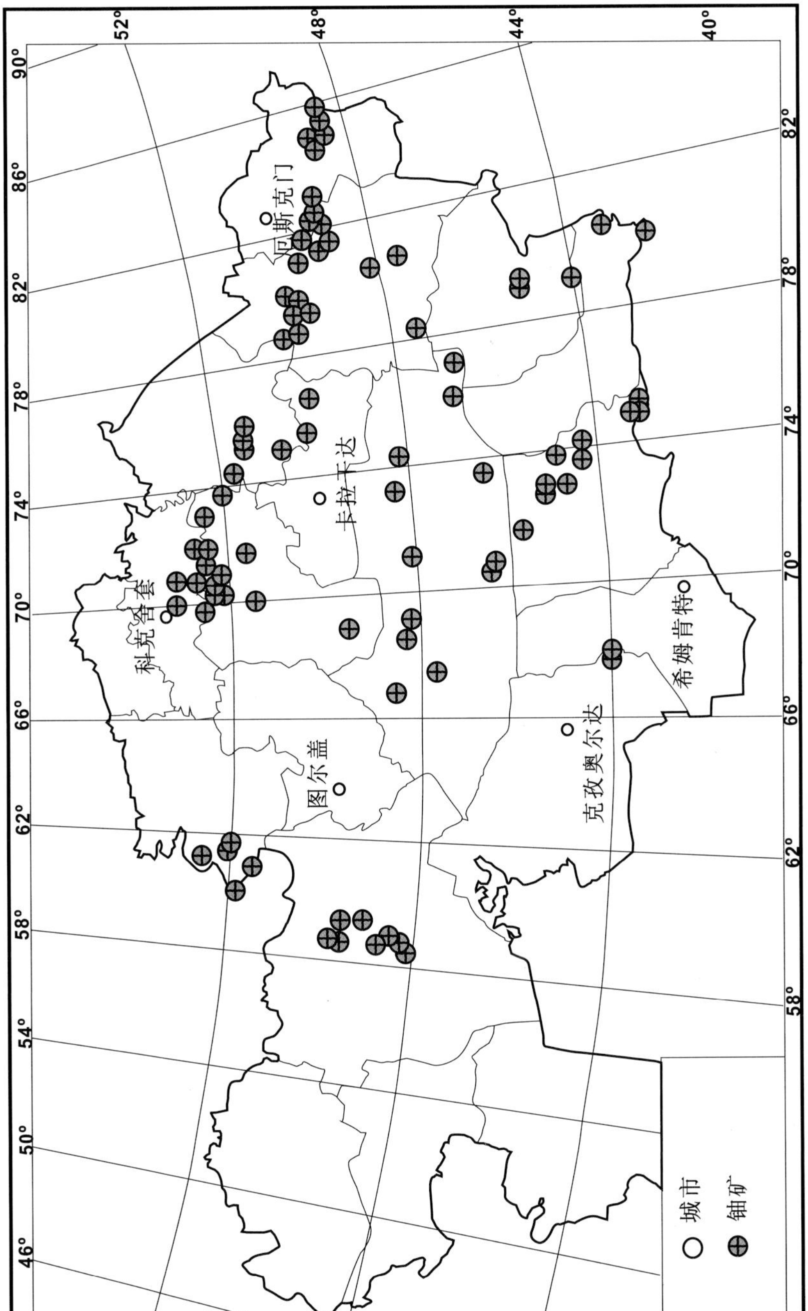

图 3-11 哈萨克斯坦金矿分布图（据国土资源部信息中心，2011 修改）

哈萨克斯坦铅锌矿共139个，其中大型19个（VHMS型6个，SEDEX型10个，密西西比河谷型3个），中型25个，小型95个，分布如图3－12所示。

哈萨克斯坦铀矿共计102个，其中大型17个（砂岩型占10个），中型18个，小型67个，分布如图3－13所示。

哈萨克斯坦锌的储量为1600×10^4t，居全球第4位。除上述阿尔泰地区外，北天山铜锌矿区的层控型铅锌矿和北巴尔喀什铜锌矿区也是中亚重要的铅锌原料基地，以卡拉套矿群为代表。

3.2.3.3 中亚五国矿产开发概况

哈萨克斯坦以铝土矿最为丰富，探明储量为3.6×10^8t，居全球第11位。哈萨克斯坦的铝土矿均为岩溶型沉积矿床，主要分布在中哈萨克斯坦图尔盖盆地边缘和隆起带中，包括别连斯克、科克塔尔斯克、红色十月、上安索尔斯克和东阿特斯克。

中亚地区的煤矿主要分布在哈萨克斯坦。共有49个煤矿床列入国家矿产储量平衡表，探明储量为336×10^8t，居全球第8位。其中，烟煤和无烟煤探明储量为215×10^8t，次烟煤和褐煤121×10^8t。哈萨克斯坦中部和中北部有图尔盖、卡拉干达、巴甫洛夫达尔、伊犁4个含煤盆地，前二者的含煤岩系是石炭系，后二者是侏罗系。

锑矿是塔吉克斯坦唯一在世界范围内占优势的矿种，储量达5×10^4t，居世界第5位。其主要分布在塔吉克斯坦西北部地区，在地质上产于南天山成矿带。实际上，吉尔吉斯斯坦西南部和东北部也有几处大型汞锑矿床，但储量数据无法得知。

目前，我国已查明钾盐资源储量不大，尚难满足农业对钾肥的需求。因此，钾盐矿被国家列入急缺矿种之一。中亚地区有丰富的钾盐，盐点主要分布在阿姆河北东，马雷北部、东部，塔吉克中东部；成盐时代为晚侏罗世—早白垩世（J_3—K_1）；成钾层位以上侏罗统（J_3）为主，分布如图3－14所示。

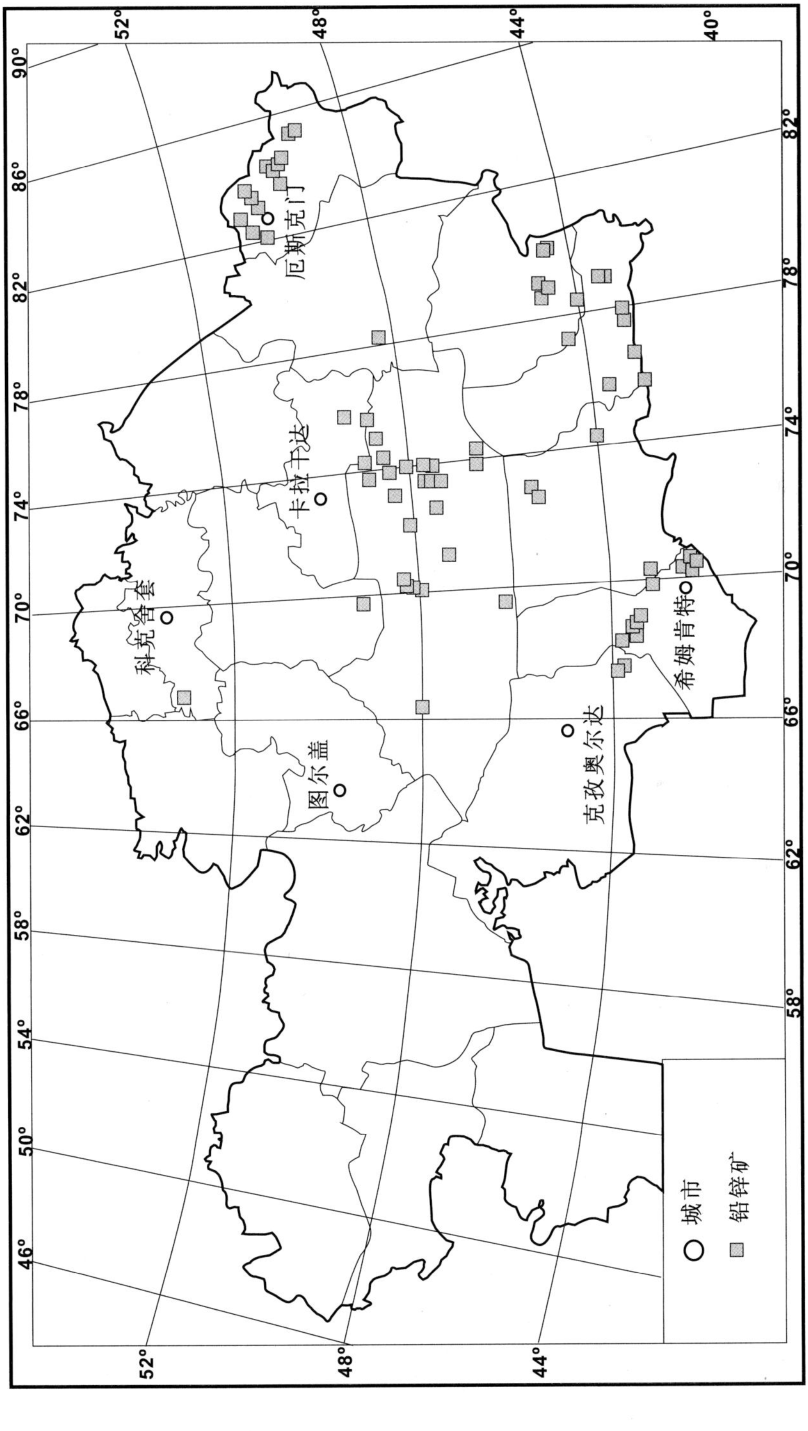

图 3-12 哈萨克斯坦金矿铅锌矿分布图(据国土资源部信息中心,2011 修改)

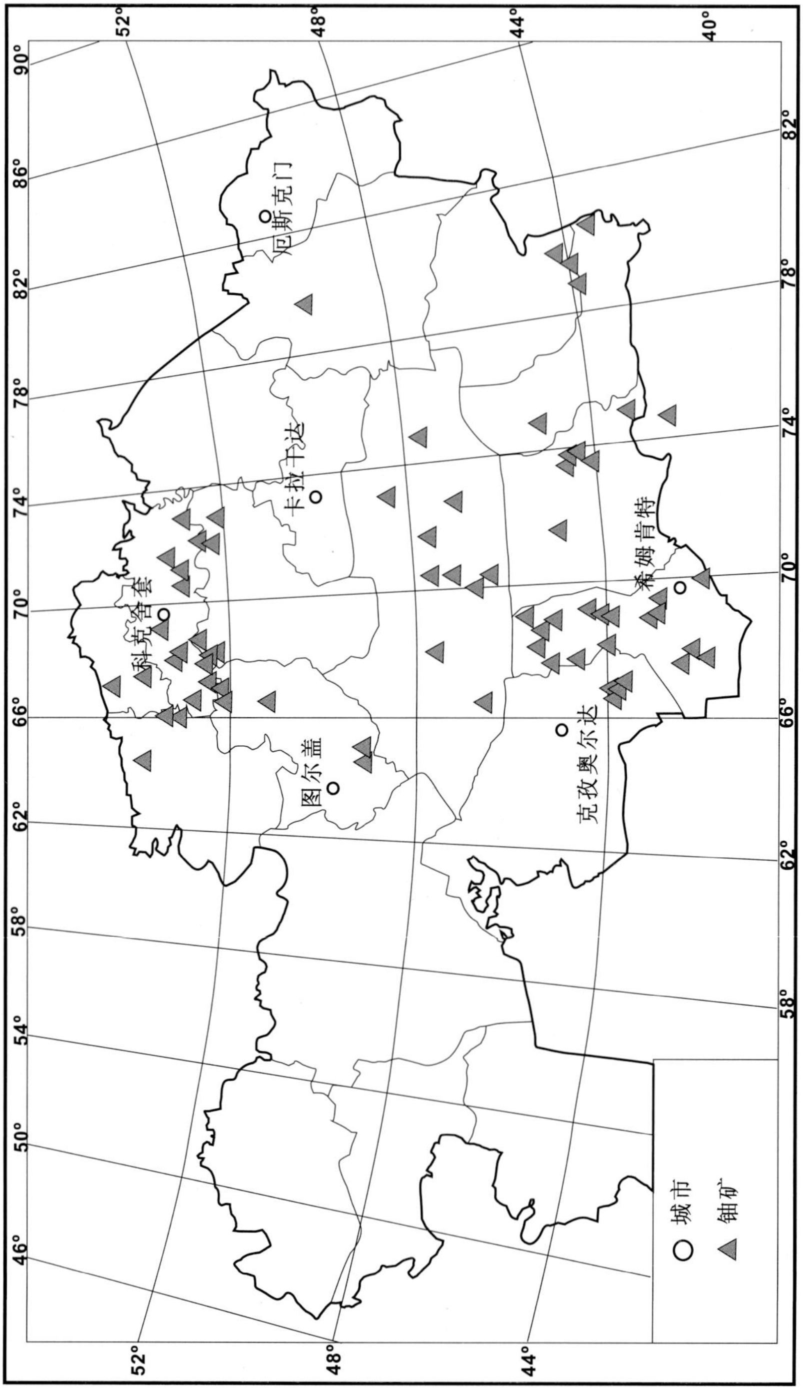

图 3-13　哈萨克斯坦铀矿分布图(据国土资源部信息中心,2011 修改)

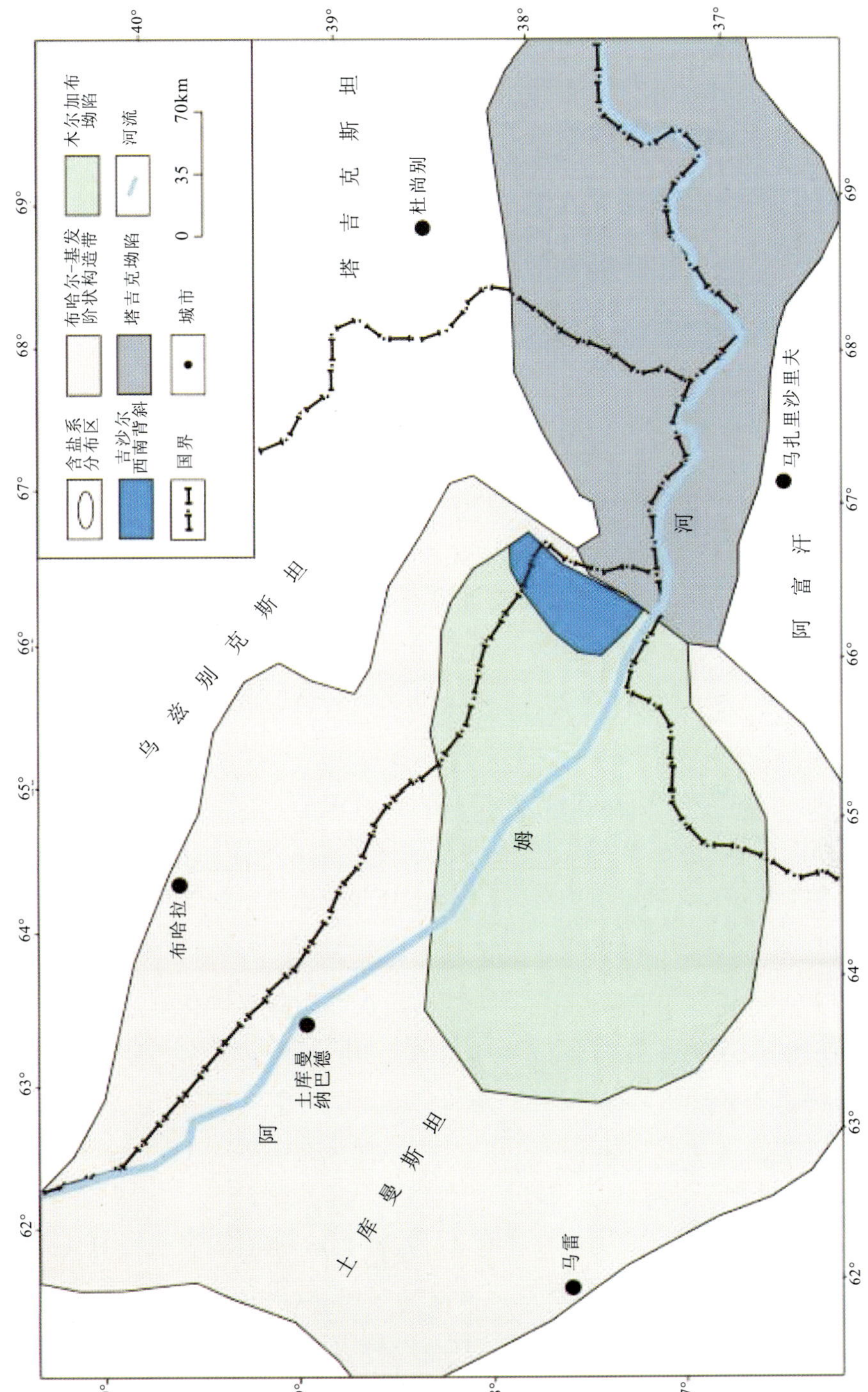

图 3-14　中亚地区钾盐分布图

4 中亚矿产资源投资环境比较与投资风险分析

4.1 中亚五国矿产资源投资环境比较

世界上拥有矿产资源的国家众多，这些资源不仅需要本国企业开发，而且更需要国外企业的投资开发，从而实现资源的全球配置。由于勘查开发矿产资源的费用高、风险高，所以在决定对一个国家的矿产资源进行风险勘查和投资以前，非常有必要先对目标国的矿业投资环境进行评价，从而尽可能降低风险。

矿业投资环境是指伴随着整个矿产资源勘查开发，在直接投资过程中各种条件的总和，包括影响投资活动的自然要素、社会要素、经济要素、政治要素和法律要素等。自20世纪60年代开始，利用各种指标及评估方法进行投资环境评价已经成为各国和区域吸引投资、促进经济社会持续发展的重要手段。如20世纪60年代末，美国著名经济学家罗伯特·斯托伯在哈佛《商业评论》上发表了《如何分析外国投资环境》一文提到了比较主流的国外投资环境评价方法有投资冷热图法、投资环境评分法（等级评分法）、道氏评估法、关键因素评估法、相似度法、国有风险评级法、综合评判和多因素分析评估法等。在矿业投资环境评价方面，针对国外矿业投资的特殊背景，三种主流评价体系都从不同角度以微观视野分析宏观市场，将投资环境评价问题具体量化。

由于矿业投资环境涉及的指标数据多为定性数据，而且定量数据的获取很难，所以在这里所采用的方法是投资环境评分法（等级评分法），此法是由美国著名经济学家罗伯特·斯托伯提出的。针对一些主要因素，按对投资者重要性大小，确定不同的评分标准，再按各种因素对投资者的利害关系，确定具体评分等级，然后将分数相加，作为对该国投资环境的总体评价，分值越高，投资环境越好。罗伯特选取的因素都是对投资环境有直接影响的，为投资决策者最关心的因素，从一定程度上反映了投资者对投资环境的一般看法。本书在现有的影响投资环境的要素分类的基础上，综合矿产企业在进行投资决策时关注的重点问题，以及各类要素的功能及全球矿业投资环境的现状，对中亚五国的矿产投资环境具体选择了 10 个指标进行比较。

4.1.1　矿产资源潜力

在对一个国家进行矿业投资时，矿产资源潜力是首要因素，也是矿业投资企业在进行海外投资时一票否决的因素。而衡量一个国家或者地区的矿产资源潜力应该包括该国矿产资源分布情况、重要成矿区带、矿床品位、矿床类型等。

中亚五国资源潜力较大，"苏联"时期这一区域开展了大量的地质工作，资料详实可靠。其有着地质界著名的"金腰带"之称，拥有世界十大金矿中的两个。锑矿是塔吉克斯坦唯一在世界范围内占优势的矿种，储量达 5×10^4 t，居世界第 5 位。哈萨克斯坦的铜矿、富铁矿、铅锌矿等资源与中国矿产资源存在很大互补性，该地区矿产资源潜力巨大，可视为距离我国最近的资源战略要地。

4.1.2　矿产资源行业外商投资准入

受资源国家主权主义影响，世界上很多国家在矿业行业外商投资及矿产品出口、利润汇出上，实行内外有别的政策。随着近年来资源民族主义的兴起，外商矿业投资准入成为矿业企业走向海外必须要考虑的因素(汪民等，2014)。这种准入分为以下几种类型：第一，矿种限制，有些国家对外商允许投资的矿种有一些限制，属于本国战略资源或者本国的优势矿产不允许外商拥有采矿权；第二，投资规模或者矿业权类型的准入，就矿业项目而言，很多国家都不允许外商拥有本国的小规模采矿权或者手工采矿权；第三，权益持有方面的准入，一些国家不允许外商投资企业在采矿项目中持有多数股份，从近年的发展趋势看来，这种趋势正在逐步加强；第四，企业参与形式，几乎所有国家在外商投资企业的组织架构上，都允许成立法人或非法人形式的企业。除了个别国家外，要想在投资国家获得矿业权，需要在当地注册企业。

中亚五国对矿种没有具体限制，除了已经划定的战略资源（特指石油、天然气）不允许外商介入外，均鼓励吸引外资进行矿产资源开发利用。对投资规模没有具体要求，投资人既可以从勘探权阶段介入，也可以从开采权阶段介入，欢迎共同合作开发，认可产品分成这种经营模式。

4.1.3 政治稳定性

政治稳定性往往是投资母国以及东道国政府都难以控制的风险因素。政治稳定性与社会安全性通常包括国家的长期稳定性、体制稳定性、矿产政策的连贯性、国家内部安全、是否有敌对的边界、外国投资保险的可能性等指标。目前国际上有很多指标来评价国家的政治稳定性与社会安全性，包括穆迪评级、腐败指数等。

中亚自苏联解体以来，都成为了独立主权国家，实行民主议会制度。总统是国家元首和最高行政首脑，由全民直接选举产生，每届任期 5 年或者 7 年，任期最多不超过两届，但实际上都是总统专权、强权政治。

哈萨克斯坦总统努尔苏丹·阿比舍维奇·纳扎尔巴耶夫在 1991 年 12 月 1 日以 98.76%的选票当选哈萨克斯坦共和国独立后第一任总统；1995 年 4 月以全民公投方式将其任期延至 2000 年；1999 年 1 月 10 日在提前举行的总统选举中以 79.78%的选票再次当选；2005 年 12 月以 91%的选票再度连任总统；2011 年 4 月 3 日在提前举行的总统选举中再次当选。

乌兹别克斯坦总统伊斯兰·阿卜杜加尼耶维奇·卡里莫夫（Islam Karimov），于 1991 年 12 月当选，2000 年 1 月连选连任，2007 年 12 月再次当选。乌兹别克斯坦于 1992 年 12 月 8 日通过第一部宪法，规定乌兹别克斯坦是主权、民主国家，实行立法、行政、司法分离；总统为国家元首、武装部队最高统帅，每届任期 5 年，连任不得超过两届；经济以多种所有制为基础。1993 年、2003 年、2007 年、2008 年、2011 年 3 月和 12 月、2012 年共 7 次修改宪法。2011 年 12 月将总统任期由 7 年减少至 5 年。乌兹别克斯坦自独立后多次修改宪法，总统也一直实行选举制，但从未更换过总统直到他 2016 年去世。

1999 年 12 月，土库曼斯坦第五届人民委员会、议会联合通过决议，授权首任总统萨帕尔穆拉特·阿塔耶维奇·尼亚佐夫(Saparmurat Atayevich Niyazov)"无限期行使总统权力",直至首任总统2006年12月21日去世。2006年12月21日,根据土库曼斯坦国家安全委员会和内阁决议,别尔德穆哈梅多夫出任代总统和武装力量最高统帅,2007年2月就任总统,并于2012年2月成功连任。

塔吉克斯坦现任总统埃莫马利·拉赫蒙(Emomali Rakhmon)于1990年当选塔吉克斯坦最高苏维埃人民代表;1992年11月其当选塔吉克斯坦最高苏维埃主席,并行使国家元首职权;1994年11月,塔吉克斯坦议会制改为总统制,拉赫蒙当选总统;1999年11月和2006年11月,拉赫蒙两次获得连任,还担任塔执政党——人民民主党主席;1999年12月11日,因为其为塔吉克斯坦国内和平与民族和谐做出的杰出贡献,塔吉克斯坦议会授予他"国家英雄"称号。

吉尔吉斯斯坦的历任总统或代总统及党派和民主运动如下:①阿斯卡尔·阿卡耶夫(Askar Akayev),1990年10月27日—1995年10月29日,无党派;②阿斯卡尔·阿卡耶夫(Askar Akayev),1995年10月29日—2000年10月29日,无党派;③阿斯卡尔·阿卡耶夫(Askar Akayev),2000年10月29日—2005年3月24日,无党派;④代总统Ishenbai Kadyrbekov,2005年3月24日—2005年3月25日,无党派;⑤代总统库尔曼别克·巴基耶夫(Kurmanbek Saliyevich Bakiyev),2005年3月25日—2005年8月14日,吉尔吉斯斯坦民主运动;⑥库尔曼别克·巴基耶夫(Kurmanbek Saliyevich Bakiyev),2005年8月14日—2009年7月23日,吉尔吉斯斯坦民主运动"光辉道路";⑦库尔曼别克·巴基耶夫(Kurmanbek Saliyevich Bakiyev),2009年7月23日—2010年4月7日,推翻光辉道路(2010年4月15日辞职);⑧代总统萝扎·奥通巴耶娃(Roza Otunbayeva),2010年7月3日—2011年12月1日,吉尔吉斯斯坦社会民主党;⑨阿尔马兹别克·阿坦巴耶夫(Almazbek Atambeyev),2011年12月1日至今,吉尔吉斯斯坦社会民主党。

4.1.4　基础设施情况

对于矿业来说,基础设施代表着矿产品运输及加工的成本,主要涉及到交通运输、电力供应、供水等情况。另外,内陆国家大宗矿产出港运输成本较高,大宗矿产主要包括铁矿、锰矿、铜矿、铝土矿、磷矿等。极端气候会增加勘查采矿费用,并可能增加经营风险,带来技术问题。地形也会影响矿床开发的决策。如大多数矿山都要求有废石、尾矿库等处理场地,而现实条件下可能找不到合适的场地。

中亚这几个国家的基础设施相对比较落后,没有出海口,矿产品运输方式只能是公路或者铁路运输。但是,基于"苏联"时期的地质工作,大、中型矿区的开发方案都考虑到了工人村、尾矿库,甚至矿区机场等设施。有些矿区已经做了很大的基建工程,总体来看比南美、非洲等地区的矿产开发环境要好很多。

4.1.5 矿业权因素

矿业权因素涉及到投资成本和投资风险。与国家风险相比,矿业权风险属于项目风险层次。具体要考虑矿业权的"出双入对"难易程度、持有成本、转让的难易程度,同时要考虑矿业法的规范程度以及矿业法的修改变化频率。在大多数发展中国家,由于历史、经济发展水平、经济环境的巨大变化等原因,矿业立法的稳定性就全球来讲总体较差。在这些国家或地区之间也存在差异。稳定性越高,对矿业投资环境的正面影响越大。

中亚这一地区由于其自身的优势产业就是矿产资源、能源产业,各国矿业立法以苏联的一些行业规范为基础。同时这些国家参照国际通行的矿产资源法律法规进行了《地下资源法》的立法和修订工作。其中,对矿业权的授予、使用、保护、吊销及资源使用费等有明确规定,以哈萨克斯坦的《地下资源法》最为详尽。其对地下资源使用权的授予方式及地下资源开发合同、石油作业、干线管道运输、地下资源国家储量都做了明确定义。

4.1.6 人力资源

外来劳工的准入和当地劳工的可供性对矿业投资有很大影响。由于无论经济水平如何发达的国家都存在就业问题,因此几乎所有国家对于使用当地劳工都会有规定的比例、对当地员工的培训等都有明确的要求。这些国家都存在地质技术人员相对缺乏的情况,所以我们不能将中国员工标准作为当地用工成本标准去衡量这些国家的用工制度。

中亚五国的用工比例根据公司规模和矿业公司开发阶段不同，可以向政府提用工条件，这点与其他地区相比是有很大优势的。比如，在塔吉克斯坦有些企业的用工比例甚至达到了 1∶9，当然这种情况是少见的，一般情况是 3∶7。

4.1.7 税费水平

经营成本和税费是企业境外投资的重要因素，涉及到劳工成本、权利金、所得税等。所要评价的这些国家的地区矿业税费制度基本上由两部分构成：一部分是包括矿业在内的所有工业企业都适用的普通税制，如所得税、增值税等；另一部分是矿业特有制度，如权利金、地租等。

中亚几国的税费水平以塔吉克斯坦为例如下：根据塔吉克斯坦现行税法，各类企业目前所涉及的税种共有 19 项，其中国税 15 项，地税 4 项(中国驻吉尔吉斯斯坦大使馆经济商务参赞处，2014)。

1. 国税

(1)个人所得税：职工个人全部收入不超过政府规定的最低工资标准，免缴个人所得税；若职工个人全部收入超过政府规定的最低工资标准但超过部分在 100 索莫尼之内，以超过部分为基数缴纳 8%；若职工个人全部收入超过政府规定的最低工资标准 100 索莫尼以上，以 100 索莫尼为基数征收 8%，以超过部分为基数再缴 13%(索莫尼为塔吉克斯坦的流通货币，编号 TJS)。

(2)利润税：工业企业为 15%，其他企业为 25%。

(3)增值税：本国及进口产品为 18%，出口产品除籽棉、皮棉和初级铝外免征增值税。

(4)消费税：应税商品 6 类。其包括：①酒精、酒类和饮料(0.01～1.2 欧元/升)；②烟草和香烟；③矿物燃料、石油及石油馏出物；④充气橡胶轮胎；⑤小轿车；⑥贵金属及其制品。上述产品的进口商或生产者均应缴纳消费税。

(5)社会保险：对于正规企业为职工投保，以职工工资为基数，对企业征收 25%，对职工征收 1%；对于个体工商业者投保，以其收入为基数征收 20%。

(6)土地税：根据地区和土地使用者不同，应缴土地税不等。

(7)矿产开发税：分为红利和许可证使用费。红利分为以下几种：一是开采权红利，即国家拍卖矿产开发权获得的一次性收入，起拍价格由国家根据矿床的实际情况确定；二是商业发现红利，即开采商在开采区内发现新的矿产资源所应缴纳给国家的费用，其数额由国家和开采者共同商定；三是开采红利，即根据开采数量定期向国家缴纳的费用，其数额由国家和开采者共同商定。许可证使用费是开采商获得许可证后，根据开采产品的价值按比例向国家缴纳的费用，由国家与开采商共同商定，但最低不少于0.5%。

(8)企业所得最低税：以扣除增值税和零售税之后的企业总收入为计税金额，征收1%。不管企业效益如何，企业所得最低税必须全额缴纳。如法人利润税的计算结果低于企业所得最低税，则征收企业所得最低税，否则征收法人利润税。

(9)公路使用税：该税适用于应缴增值税的企业，对于一般企业在增值税计税金额的基础上征收2%，对于贸易和购销企业征收0.5%。

(10)统一税：对于不能按照正常程序缴纳增值税的企业，塔吉克斯坦政府规定可以采用简易的征税办法，即在总收入的基础上征收12%。

(11)皮棉和铝锭销售税：对原产于塔国的皮棉和铝锭，无论将其销售到国内还是国外市场，都应缴纳销售税。皮棉的销售税为10%，铝锭为3%。

(12)关税：进口商品根据种类不同分别征收0、2.5%、5%、7%、10%和15%的关税。出口商品免征关税。

(13)农产品生产统一税：按土地面积向农产品生产者征收，根据塔吉克斯坦税法规定为土地税的4倍。对以种植棉花为主的地段减半征收农产品生产统一税。

(14)其他应缴的国税：根据其他相应法律法规征收。

2. 地税

(1)零售税：在零售价格的基础上按照3%以下征收。

(2)不动产税：纳税的对象包括土地、房屋等不动产，其所应缴纳不动产税的数额为当地土地税的10～50倍，按照面积征收，楼房按照各楼层面积征收。

(3)交通工具税：除了履带式车辆、联合收割机、城市公交车和残疾人专用车辆免缴交通工具税外，其他车辆以月最低工资乘以马力数为基数按年征收，税率根据车型不同为1%～5.5%不等。

(4)其他应缴纳的地税：根据其他相应法律法规征收。

根据相关法律，塔政府针对以下情况提供税收减免优惠：作为外资企业注册资本或进行现有生产技术改造而进口的，根据企业注册文件直接用于生产产品或完成工作或提供服务的，并且不属于消费税应税产品的生产技术设备和成套配件在进口时免征进口关税和增值税。在外资企业工作的外籍工作人员自用物品进口免征进口关税和增值税。

实施经塔吉克斯坦政府批准的外国政府和国际组织援助或贷款项目所用商品进口免征进口关税和增值税。对人道主义援助及发达国家无偿援助商品、工程及劳务免征进口关税和增值税。新建商品生产型企业在正式注册的当年免缴利润税，并自首次正式注册年的第二年开始，在不低于法定最低注册资本的情况下：①投资规模在50万美元以下，利润税免缴2年；②投资规模在50万～200万美元之间，利润税免缴3年；③投资规模在200万～500万美元之间，利润税免缴4年；④如果投资规模超过500万美元，利润税免缴5年。各经济特区适用专门税收优惠政策。

4.1.8 环境因素

对潜在经营活动的环境要求的评价，国际矿业公司也非常关注。相比尚未制定切实合理的环境保护立法(或在标准矿产协议中有相应的规定)的国家，已制定环境立法的国家对矿业公司更有吸引力。然而小型矿山企业往往不太关注自己的声誉，更喜欢环境保护不是很明确的法规体系。是否有环保反矿组织也会对政府决策和矿业管理体制造成一定的影响。对于生态保护区周边的矿业投资一定要谨慎。

中亚国家都有生态保护区，保护区内是禁止进行矿业生产经营活动的，各国针对环保都有立法，并有专门的组织管理。其中环保反矿组织在吉尔吉斯斯坦有过活动。

4.1.9 地质资料的获取

在矿产资源丰富的国家，政府服务的水平如何、地质资料的获取从一定意义上讲也能反映出该国的地质工作水平和地质资料咨询服务水平，地质填图、地质资料的取得方式和成本也相应地反映了该国政府服务水平。

中亚五国在“苏联”时期被战略定位为能源储备基地，因此“苏联”时期对该地区投入了大量的地质工作，资料详实，相比其他不发达地区而言，其占有很大优势。“苏联”时期该地区的地质工作与我国非常相似，都是单一的国家公益性支出。独立后，各国沿袭“苏联”时期的制度，在经历“休克性经济疗法”之后无力投入过多经费，加之很多专家撤离，大量地质资料散落民间。就中亚这几个国家而言，地质资料的获取途径主要有两种：政府途径和民间搜集。

苏联解体后有些地质资料散落民间，主要在一些地质工作者的手里，中亚国家独立后对地质资料的整理工作几乎停滞，之后的 15 年时间里新的地质工作主要是一些私营企业主自行完成的，给地质部门及国家储量委员会做一些汇报工作，但是地质工作成果归各单位自己所有。这一部分资料的获取可以直接向相关单位购买。而“苏联”时期的地质资料由于当时是由专门的地质勘探队伍负责，地质资料有一部分存在相应加盟共和国的地质署（部）、国家储量委员会，有一些则在相关矿山设计院，还有一些则存在莫斯科、乌兹别克斯坦档案馆，因而这些资料的完整搜集存在一定的困难。但相对于完全没有地质资料的国家而言，这个地区的地质资料还是比较容易获取的。

4.1.10 社会、社区环境

矿业是一个长期的资本密集型产业，对于社会、社区环境的要求比较高。社会治安良好、人身安全能够得到保障、社区环境友好，也是矿业投资的根本保证。

中亚五国没有排华势力，在睦邻友好方面认识到位，从政府到民间对中国的经济发展是非常羡慕的。很多高校都专门开设了“中国经济”这门课程，希望从中国经济的转型中学习到更多有利于自己经济发展的途径。就资源能源行业而言，处理好社区关系非常重要。在吉尔吉斯斯坦 2010 年的“4 · 7 革命”及南方种族冲突中，一些企业由于社区关系处理得当，企业资产得到良好保护，中方员工的生命安全得到了保障。而近些年来出现的一些矛盾主要都是社区矛盾造成的。其他国家在完成自己的许可证协议规定工作的情况下，合法有序经营几乎不受干扰，但目前仍存在一些问题。

1. 法律法规不完善

中亚各国多处于经济转型期，建立完善的市场经济体系需要相当长的时间，其法律法规的经常性变更直接影响投资收益的稳定性，投资风险较大。目前中亚各国鼓励能源合作的各项法律法规框架还不够完善。哈萨克斯坦、塔吉克斯坦、乌兹别克斯坦、土库曼斯坦等国甚至对能源等部门的合作还有一定限制，这些都增加了合作的风险。

2. 税收保护协定执行不力

中国与中亚各国签署了双边投资保护协定和避免双重征税协定，但在协定的具体执行过程中，重复征税和侵犯投资者权益的事件时有发生。

3. 投资监管保障体系缺失

中国和吉尔吉斯斯坦都是 WTO 成员国，投资监管相对宽松，按照 WTO 的要求给外国企业以国民待遇，初步建立了竞争的市场化法律体系。而哈萨克斯坦、塔吉克斯坦、乌兹别克斯坦、土库曼斯坦对外资的监管则比较严格，在海关、商检、银行等方面的工作程序复杂，效率不高，合作环境有待改善。

4.2 中亚五国矿产资源投资风险分析

4.2.1 政治风险

不同届政府对投资政策可能会有改变，即使是同一政府任期内，现有政策也有可能发生改变，一些国家和地区实行国有化政策，造成大量外资企业撤离，比如南美一些国家于 2006 年开始了国有化进程。中亚五国基本都是强权政府，沿袭了苏联计划经济模式的同时，奉行对外开放，吸引外资，在大力推行私有化进程的同时保持本国支柱产业不受影响。哈萨克斯坦是最早实行私有化的国家，也是中亚国家经济总量最高的国家，其开放程度最高。在这一地区投资需要政府的支持和当地居民的认可。

中亚五国地区还存在一种政治风险，值得一提的是，这几个国家奉行的大国平衡外交，宗旨在发展本国经济，对能源资源类投资的保护力度也很大，但前提是得遵守所在国法律，有些国家给外商的投资待遇为国民待遇。

4.2.2 环保风险

近年来，环保的呼声越来越高，非洲各国的环保行动不断升温，南美一些国家环境管理严格遵循 ISO14000 和 ISO26000 国际社会责任，强调经济发展的同时，政府会按照世界银行的参考数据严格管控，按照国际高标准的环保规定来约束企业行为。中亚各国政府非常希望国外资本进入到本国开展矿业投资，对生态保护区有明文规定，在开展矿业经营活动时需要进行环境评估，没有严格规定必须按照某种国际环保责任进行。中国企业在塔吉克斯坦建设的火电厂位于其首都北部，运用的冷却方式是直冷方式，这在国际上都很罕见，当地政府的支持力度也很大，二期项目已经开工。

4.2.3 基础设施风险

基础设施的不足也是制约经济发展的瓶颈，中亚国家普遍基础设施落后，没有出海口，电信服务、交通运输条件落后，这些增加了企业投资的运营成本。目前世界金融机构包括中国上合组织框架内的一些项目投资都是致力于改善该地区的基础设施。针对矿业生产经营需要的外部条件较其他地区还是有一定的优势。“苏联”时期对一些大型矿区都有规划的配套道路、电力、矿山村、矿区医院、矿区机场等设施，只是有些设施没有完全建成，对于我国的矿业投资方而言可以选择一些基础设施相对完善的矿权进行投资，尽量利用前人的工作成果，减少由此带来的风险。

4.2.4 人力资源风险

境外矿业投资企业对于专业技术人员的要求会比较高，而有些国家的专业技术人员的待遇要求也高。由于教育落后和传统的“集体农庄”“大锅饭”“劳工保护主义”等长期的生活劳作习惯有别于中国式的工作模式，以及外籍劳工比例限制、工作签证许可等会造成一些比国内用工成本高和招聘不到合适劳务人员的现象。中亚五国中，乌兹别克斯坦高等教育普遍水平较其他几国高一些，塔吉克斯坦近两年外出务工人员回国务工有效地缓解了技术工人聘用的情况，但几国都存在地质人员断代的问题，且受外籍员工人数限制，给一些开发企业提高了用人成本。另外，这几个国家的语言特色为通用两种语言，俄语为通用语言，官方语言为本国本地多数民族语言，英语不太适用。

4.2.5 社区许可风险

受地理环境等自然因素影响，有些国家存在部落独立于政府的现象。在这些地区从事经营活动，需要得到当地族长、部落首领或者长老的支持。中亚这些国家，相对开放，但有些地区还是家长式管理，企业如果要在这些地区从事经营活动，一定要弄清形式，与地区望族建立良好的友谊，为当地解决一些民生问题，得到当地居民的帮助，为长期利益做好铺垫工作。这一点新疆的一些企业做得比较好。这些企业占有先天优势，能够理解其文化差异，有共通的地方，能够很快融入当地并取得信任，在避免了很多不必要的麻烦的同时，还能够为企业本身谋取利益。

4.2.6 原住民风险

南美洲、北美洲地区原住民群体较多，在这些地区进行矿业勘探开发受到限制较多。但在中亚地区的乌兹别克斯坦、塔吉克斯坦需要解决的是一些牧区牧民的动迁问题。

4.2.7 罢工风险

非洲和南美洲的工会组织比较健全，而且规定企业达到一定用人规模时必须要成立工会。工会可以组织罢工，以此要求解决劳资纠纷问题。中亚地区也有工会，但工会的职能很弱，成立后需要缴纳工会基金，相当于是劳动保险金，每个国家规定的比例都不一样。中亚地区对于强制工人加班方面会比较抵触，他们认为非工作日不应该工作，加班就算是付费也很难被劝说，但罢工在这一地区还没有出现过。

4.2.8 治安风险

中亚地区的社会治安相对比较好,吉尔吉斯斯坦允许民众在办理合法的手续后可以购买和持有枪支,大部分是猎枪,这是由长期的狩猎生活习惯导致的。从总体上看来,这一地区的穆斯林比较温和,游牧人数的比例也在逐年降低,生活方式也在朝着城市定居方向进行改变。

5 中亚地区区域组织现状比较及金融战略构想

5.1 “丝绸之路经济带”的提出对中亚五国的影响

从中亚国家扩大对外交往和中国西部大开发、向西开放、拓展中亚市场的现实以及长远需要来看，“丝绸之路经济带”的构想无论是对中国还是中亚五国来说都是一次难得的机遇。它在多领域所展开的合作促进了产业升级，有利于中国“西进”战略的展开，同时促进了金融市场的发展和人民币国际化。

“丝绸之路经济带”通过对古丝绸之路的重新定义，强化了中国与中亚国家的经济贸易合作，强调了中国与中亚国家悠久的历史渊源，在中国的西部地区打开了一片经济合作与发展的新天地。实际上，早在20世纪90年代初，中国就曾提出过“新丝绸之路”的概念，联合国开发计划署也一直致力于丝绸之路沿线国家和地区的经济、文化交流与合作。“丝绸之路经济带”是在古代丝绸之路概念基础上形成的当代经贸合作升级版，被认为是世界上最长、最具有发展潜力的经济大走廊，是贯通亚、欧两大洲的经济大陆桥。不过，横看整个经济带，它具有明显的区段特征：一头连着繁荣的亚太经济圈，另一头系着发达的欧洲经济圈，但是在中国—中亚地区之间形成了一个经济凹陷带。中亚经济带是“丝绸之路经济带”的凹地，经济发展水平整体落后，社会波动起伏。

与亚、欧国家共建“丝绸之路经济带”，虽然目标以经贸合作发展为主，但其战略意义广泛，事关国防安全、经贸安全、边疆安全等重要领域的全局性国家安全问题，具有极大的战略意义。在内政上，会提供更多的发展机遇，促进地区经济发展，缩小地区差距，推动经济均衡发展。在外交上，可以打造连通亚、欧国家的陆路大通道，以经贸促进全面合作，着力深化互利共赢格局，积极促进区域安全合作，维护周边和平稳定大局。可见，“丝绸之路经济带”并不是要简单地重现古代丝绸之路。在性质上，它是集政治、经济、内政外交与时空跨越为一体的历史超越版；在内容上，它是集向西开放与西部开发为一体的政策综合版；在形式上，它是历经几代领导集体谋划国家安全战略的当代升级版。

5.2 “上海合作组织”在中亚地区的影响

1996 年 4 月 26 日，中国、俄罗斯、哈萨克斯坦、吉尔吉斯斯坦、塔吉克斯坦五国元首在上海举行首次会晤。从此，“上海五国”会晤机制正式建立。2002 年 6 月 15 日，上海合作组织成员国元首在圣彼得堡举行第二次会晤，签署了《上海合作组织宪章》。宪章对上海合作组织的宗旨原则、组织结构、运作形式、合作方向及对外交往等原则做了明确阐述，标志着该组织从国际法意义上得以真正建立。近年来，随着上海合作组织成员越来越多，中亚五国与中国的经贸技术合作关系日益发展并受到世人的广泛关注，呈现良好的发展势头，合作内容不断拓展，成员间联系越来越紧密，合作越来越深入。中国越来越多有实力的企业入驻中亚地区，促进了中亚地区工业化水平和产业结构的提升，带动了区域经济的不断发展。

金融合作是上海合作组织中各国经济合作的重要领域，也是实现区域经济一体化的前提条件。在金融合作尚处于初级阶段的情况下，确定合理科学的金融合作目标，探索切实可行的金融合作途径，对于推动上海合作组织的金融合作进程具有十分重要的意义。根据《上海合作组织成员国多边经贸合作纲要》的原则，上海合作组织框架下的金融合作应分阶段进行，目标规划也应该划分为近期、中期和远期 3 个阶段。当前的工作重点是积极推动成员国之间双边或多边的功能性金融合作。合作的具体进程要采取“双轮驱动”策略，既要开展以银行业务和功能完善为特征的金融合作，又要开展以金融组织和机制创新为特征的金融合作（朱显平，2014）。

5.3 独联体国家"次地区合作"区域一体化进程的加快

(1)1990年,根据哈萨克斯坦总统纳扎尔巴耶夫的倡议,哈萨克斯坦、吉尔吉斯斯坦、塔吉克斯坦、土库曼斯坦和乌兹别克斯坦领导人在哈萨克斯坦的阿拉木图举行了会晤,筹划建立五国间的经济合作组织,以加强相互间的经贸往来。5个国家的领导人共同商讨了有关合作事宜,签署了5个国家间的《经济科技与文化合作协议》[Цзян лань(江兰),2012]。

(2)欧亚经济共同体成立。1995年俄罗斯、哈萨克斯坦、白俄罗斯、乌兹别克斯坦、塔吉克斯坦、吉尔吉斯斯坦6个国家签署建立关税联盟[成立统一关税区,取消海关监管和统一经济空间(Единое экономическое пространство)]的协议,在此协议基础上成立了欧亚经济共同体(ЕврАзЭС)[Юй Хунюню(于洪君),2006]。欧亚经济共同体有俄罗斯、白俄罗斯、哈萨克斯坦、吉尔吉斯斯坦和塔吉克斯坦5个正式成员国,以及亚美尼亚、乌克兰、摩尔多瓦3个观察成员国。乌兹别克斯坦于2005年10月申请加入欧亚经济共同体,2006年加入,2008年提出退出该组织的申请。随着独联体(CIS)的形同虚设,欧亚经济共同体成为了俄罗斯、白俄罗斯和中亚统一的组织。

(3)俄罗斯、白俄罗斯、哈萨克斯坦3个国家统一关税,形成了海关联盟(Customs Union,简称CU)。2007年普京在独联体-集安组织-欧亚经济共同体领导人峰会上声明,俄罗斯、白俄罗斯、哈萨克斯坦将在欧亚经济共同体框架内建立关税联盟(Таможенный союз)和超国家委员会,实行统一海关监管。2008年12月12日,3个国家成立超国家机构——关税联盟委员会(Комиссия Таможенного союза)。2009年6月,3个国家又明确提出关税联盟正式运营的时间表和领土范围。2009年11月27日,欧亚经济共同体政府间委员会(Межгосударственные Советы),即俄罗斯、白俄罗斯、哈萨克斯坦关税联盟的最高机构,在明斯克召开会议,签署了确定在欧亚经济共同体框架内建立关税联盟的一揽子协议。2010年1月1日,俄罗斯、白俄罗斯、哈萨克斯坦关税同盟启动,对外实行统一进口关税(部分商品有过渡期)。2010年7月6日起,关税同盟海关法正式生效。2011 年 7 月 1 日，俄罗斯、白俄罗斯、哈萨克斯坦之间建立了统一海关空间，取消海关关境。2014 年 2 月 1 日起开始执行海关联盟压力设备指令 032/2013。吉尔吉斯斯坦和塔吉克斯坦相继申请加入。

(4)哈萨克斯坦、乌兹别克斯坦和吉尔吉斯斯坦建立了中亚自由贸易共同体。

(5)欧亚经济联盟是一个由白俄罗斯、哈萨克斯坦、俄罗斯、亚美尼亚、塔吉克斯坦、吉尔吉斯斯坦 6 个国家为加深经济、政治合作与融入而计划组建的一个超国家联盟(Каримов И. А. ,2009)。

2011 年 10 月，该计划由俄罗斯时任总理普京以欧盟为基础而提出的，并引发关注。但作为一个概念，其是由哈萨克斯坦总统纳扎尔巴耶夫于 1994 年在莫斯科大学演讲期间首次提出的。

需要说明的是，欧亚联盟并不是整个欧亚大陆的联盟，欧亚是指“欧亚地区”，也就是独联体地区。2014 年 5 月 29 日，负责俄罗斯、白俄罗斯、哈萨克斯坦三国一体化进程的欧亚经济委员会最高理事会会议，在哈萨克斯坦首都阿斯塔纳举行。俄罗斯总统普京、白俄罗斯总统卢卡申科、哈萨克斯坦总统纳扎尔巴耶夫签署了《欧亚经济联盟条约》。根据条约，欧亚经济联盟将于 2015 年 1 月 1 日正式启动，到 2025 年联盟将实现商品、服务、资金和劳动力的自由流动，终极目标是建立类似于欧盟的经济联盟，形成一个拥有 1.7 亿人口的统一市场。2015 年 8 月 12 日，吉尔吉斯斯坦正式加入欧亚经济联盟，但是欧亚经济联盟不等于欧亚联盟。

(6)独联体集体安全条约组织成立。1992 年 5 月 15 日，独联体国家首脑在乌兹别克斯坦首都塔什干会晤时签署了集体安全条约。在条约上签字的有俄罗斯、哈萨克斯坦、乌兹别克斯坦、塔吉克斯坦、亚美尼亚和吉尔吉斯斯坦。1993 年，格鲁吉亚、阿塞拜疆和白俄罗斯加入此条约。条约于 1994 年正式生效，有效期为 5 年。条约的宗旨是建立独联体国家集体防御空间和提高联合防御能力，防止并调解独联体国家内部及独联体的地区性武力争端。1999 年，条约第一个 5 年期限刚满，阿塞拜疆、格鲁吉亚和乌兹别克斯坦宣布退出。2006 年 12 月，乌兹别克斯坦最高会议参议院(上院)批准了有关乌兹别克斯坦重返独联体集体安全条约组织的法律草案。2012 年 6 月 28 日，独联体集体安全条约组织新闻秘书扎伊内特季诺夫对媒体表示收到了乌兹别克斯坦决定退出该组织的照会，俄罗斯方认为乌兹别克斯坦决定退出独联体集体安全条约组织是其作为该组织成员国的合法权利。

这些地区性合作组织和机构的成立，对于整个独联体的经济一体化进程起到了一定的推动作用。

随着世界经济全球化、区域经济一体化进程的加快以及“上海合作组织”的蓬勃发展，中亚区域经济一体化进程明显加快。中亚各国不断明确自己在区域经济中的定位。在中亚地区的产业分工上，哈萨克斯坦拟成为中亚交通枢纽中心、金融中心、能源矿产等原料出口大国；乌兹别克斯坦拟成为棉花生产大国、机械设备和汽车生产基地；吉尔吉斯斯坦有望在畜牧业、旅游业上有长足发展；土库曼斯坦可能成为石油、天然气出口大国；塔吉克斯坦则有望成为水电业输出国。

5.4 整合中亚工业园区、自由贸易区的构想

目前中亚五国各国都规定官方语言为本民族语言。首任总统都曾是各国的第一书记，其生产制度至今还在很多垄断型国企保留、运行。而中国曾经也受到苏联的影响，在生产、生活制度上与其有着惊人的相似。我国在改革开放后经济体制成功转型，在各地工业园区、自由贸易区建设方面有着很丰富的经验。中亚国家为了提高人民生活水平、加快经济建设，也希望借鉴“中国模式”，所以有了诸如“乌兹别克斯坦特色的经济发展模式”从计划经济向市场经济转型。而且该地区工业原料优势、人力成本低廉正是制造业的福音，可以充分转移我国制造业产能过剩，又能造福中亚人民，可以充分利用工业园区、自由贸易区的模式“走出去”。

5.5 加快区域型、专业型金融机构的建立和多元化金融产品的推出

亚洲发展银行、世界银行、伊斯兰银行等国际金融机构在这一区域经营多年，而中国方面在这一区域主要是由中国进出口银行、国家开发银行等金融机构以援助资金的形式（为无偿援助、无息贷款和优惠贷款，其中无偿援助和无息贷款资金在国家财政项下支出，优惠贷款由中国政府指定中国进出口银行对外提供）做项目，其中利用优惠贷款做的项目较多。但是作为当地普通民众，对我国的这些金融机构认知度还很低，且这些贷款使用条件也比较严苛。如何扩大影响、深入民心是我们需要考虑的问题之一。

亚洲基础设施投资银行（简称亚投行）于 2015 年 12 月 25 日正式成立。这是首个由亚洲发展中国家共同发起并主导的多边开发性金融机构。将遵循高效、精简、清廉、清洁的原则，通过贷款、担保、股权投资等多种金融工具，致力于亚洲区域基础设施建设和互联互通，促进区域经济一体化和区域经济繁荣。亚投行的成立以及相关基金的成立，将在这一地区发挥更加积极的作用。但是这些国家负债都比较高，抗风险能力相对较弱，腐败严重，对于亚投行如何制订规则、进行顶层设计、更好地服务于中资企业，我们将拭目以待。

建议以中亚五国的主导产业为基础设立相应产业基金，从这些国家近年来对中国的贸易结构看，中国主要从这些国家进口矿产品、农产品、皮毛半成品等。矿产品占进口货物的比重很大，如何利用好这些资源，对我们这样的能源消费、生产大国具有积极、重要的意义。

6　中亚资源战略合作模式的思考及建议

6.1　加快资金融通，逐步实现中亚人民币国际化示范区

目前中亚各国金融形势是“各自为政”，都有自己的货币政策，投融资领域合作在这个区域还没有实质性进展。关于如何加强双边或者多边货币互换、结算的范围和规模，共同推进亚洲基础设施投资银行、“金砖”国家开发银行筹建，建立“上海合作组织”融资机构，加快丝路基金组建运营，支持沿线国家政府和信用等级较高的企业以及金融机构在中国境内购买债券，使符合条件的中国境内金融机构和企业在境外发行人民币债券，这些问题成了服务中国企业走出去的当务之急。另一方面，要加强金融监管合作，推进在区域内建立高效监管协调机制；积极与相关国家共同完善风险应对和危机处理制度安排，构建区域性金融风险预警系统；加强征信管理部门、征信机构和评级机构之间的跨境交流与合作；引导商业性股权投资基金和社会资金共同参与“一带一路”重点项目建设。

中亚五国均为经济转轨国家，为加快国家的经济基础建设，各国纷纷打开国门积极吸引外资。大多数国家重新制定或修改了资源法和投资法，同时制定较优惠的外资政策，努力改善资源投资环境，鼓励通过产品分成协议合作开发中亚地区的油气资源、参与现有油气加工企业和基础设施的改造、建设新企业以及基础设施等。

哈萨克斯坦相对突出，将成为“走出去”的首选地区。土库曼斯坦计划

2005—2020年对油气领域投资630亿美元。土库曼斯坦将其所属的里海区域划分为32个区块，通过招标形式吸引外资。乌兹别克斯坦和塔吉克斯坦在建设工业园区，招商引资。吉尔吉斯斯坦的资源开发形势多元，也在加快招商引资进程。这些都需要金融服务，但是目前中国企业面对人民币对中亚其他各国当地货币的结换汇则是一个不好克服的难题，很多企业在用地下钱庄解决资金问题。因此，加快资金融通，加强投融资领域合作，开发多元化金融工具和通道，逐步实现中亚人民币国际化示范区显得尤为重要。

6.2 成立专项中亚基金，保障能源和谐供给

由国家宏观经济部门牵头，会同相关金融机构，行业规划部门，驻外领事馆、大使馆制订布局相关资源开发战略，协同配套资金，做好舆论导向的同时，为国家、企业战略性资源平衡各方关系，统一部署。成立专项中亚基金（中亚勘探基金、中亚民生援助基金等），保障能源和谐供给。

1. 为中国资源类企业建立专项中亚勘探基金

矿业作为基础产业，不同于一般贸易，资源赋存的不均衡性促成了世界的矿业政治经济现象。中国作为一个矿业大国，自身资源的不均衡性导致我们必然要考虑到与境外矿产资源的互补性。积极参与到矿业全球化的进程中也是目前中国经济发展的必然阶段。

2013年全球能源公司在油气勘探及开采领域的投资为6820亿美元，比2012年增长14.6%，但非燃料固体矿产勘查投入为152亿美元，下降29%，作者认为这是经济下行、供需矛盾造成的影响。以2013年中国矿产品对外贸易为例，总额为1.03万亿美元，较2012年增长4.1%；其中进口额6802.85亿美元，较2012年增长2.9%；进口煤炭3.27亿吨，较2012年增长3.4%，对外储存度为58.3%；铁矿石进口量为7.44亿吨，较2012年增长8.4%，对外依存度为58.5%。

中国应该充分利用中亚的资源优势，为寻找优质资源开山铺路，尤其是一些在当地已经有矿业权的企业。有些在中亚购买矿业权的企业，在矿山开发和

利用方面由于资金受限，不能完成许可协议中规定的勘探或者开发义务而面临许可证吊销。因此，为矿业企业的融资增加一条融资渠道，专款专用，企业受益的同时，国家也受益。专项勘探基金可以最大限度地帮助企业度过矿业寒冬，还能够增加资源量，提升矿山价值。

2. 为东道国建立专项民生基金

该基金可用于专业技术人员的培训、地质灾害预警、灾后建设、冬季供暖、改善居民饮用水等项目。做一些深入民心的事，也可为中国提升国际形象，使中国企业在东道国的地位得到提升和受到尊重。

以塔吉克斯坦技术工人为例，塔吉克斯坦有一半的 GDP 为侨汇收入，是塔吉克斯坦人在其他国家（主要是俄罗斯）工作的收入。由于经济形势不好，加上本国的经济发展需要，一部分人回国后由于没有比较好的专业技能而不能就业，另一方面中资企业在当地招聘不到合格的技术人员。如果能有一部分资金加师资投入到职业技术教育中，可以改善招聘不到技术工人的状态，也解决了就业问题。

另外，中亚五国由于其特殊的地理位置——都处在地震带上，地质灾害比较多，我国可以为东道国做一些防治地质灾害的项目，也能极大地提升中国在这一地区的影响。

其次，塔吉克斯坦由于能源结构不平衡，冬季供暖用电存在极大的问题，我国可以做一些惠民工程，解决冬季供暖问题。

3. 为东道国建立战略性资源勘探基金

每个国家都有自己的战略性资源，尤其是涉及到能源安全的资源，我们从东道国获得了相应资源的同时，如果能为东道国的战略性资源做一些事，提供一些资金，可能可以换取更多项目，共享成果。如塔吉克斯坦由于天然气短缺，其能源结构需要调整，煤炭将成为这个国家的能源战略资源，而该国现在经济不发达，由于财政的原因暂时不能进行勘探工作，而中国-中亚天然气管道 D 线已经开始建设，将长期在这个地区运行以解决中国自身的能源短缺问题。试想，如果帮助他们解决能源结构调整及需求问题，寻求这一地区的能源和谐供给，保障东道国自身的能源需求。而这部分费用将在他们的未来收益中扣除，双方互惠互利。

6.3　打造中国-中亚资源经济走廊，加快区域资源一体化进程

中国经济和世界经济高度关联，我国国民经济发展对海外原油的依赖程度不断增加，2014 年中国进口原油 3.11×10^8t，对外依存度达 59.9%，进口天然气 $595\times10^8 m^3$，对外依存度达 33%。中国与中亚国家开展经济合作，特别是能源合作，应该是长期的战略互动，是长期的策略调整过程，而不是短期权宜之计。与中亚国家发展经济合作关系，是关系到中国西部边境地区安全稳定的大事，而不仅仅是为了获得在中亚地区的经济利益，特别是能源利益。所以要结合中亚国家的利益需求，做到合作双方的共赢。与中亚国家经济合作的良性发展，还有利于在该地区消除"中国威胁论"，为中国的和平崛起营造良好的周边环境。中亚地区战略位置独特，石油储藏丰富，处于大国角逐的"前沿地带"，在中国的对外战略地位也日益重要。中亚对于中国的战略意义是多方面的，包括地缘利益、安全利益和经济利益等，必须考虑综合利益。中亚国家的利益诉求主体多元化，而中国的改革开放已经 30 多年，西部地区的开放更是近几年的事，缺乏娴熟的国际经济合作经验和策略，所以想稳妥地进入中亚市场，要结合中亚国家的国家利益需求，做到合作双方的互利共赢。

目前中亚国家已经进入经济调整发展阶段，各国都希望外国资本能投入到本国的基础设施建设中，切实提高该地区的人民生活水平，而不希望仅仅关注本地区的资源。中亚地区资源合作模式过于单一，很大一部分都是国家战略型投资，应丰富在这一些地区的合作模式，这需要国家相关部门和机构积极协调，推出多元化合作模式，并支持、协助境外投资企业做大、做强，打造中国-中亚资源经济走廊。

6.4　加大中亚基础设施建设力度，在大国博弈中争取更多话语权

中亚自古以来就是各强国博弈之地，近一个世纪，以美国、俄罗斯、中国为

首的大国在这一地区的博弈则越发激烈。中国可以借地缘优势同中亚国家开展一些重大基础设施建设项目的合作，以此为切入点，改善当地民生，让百姓受惠，争取在该地区的话语权。在满足中亚国家利益的同时，提高中国与中亚国家的经济合作水平，为能源领域的合作创建基础，搭建平台，从而建立一种长期稳固的合作关系。

6.5 生产制造业西迁，助力"中亚经济凹陷带"发展

中国与中亚国家除了油气勘探开发、炼制化工、管道建设等业务合作外，在设备生产供应、工程技术服务等方面的合作也存在巨大潜力。以土库曼斯坦为例，为增强油气加工能力，现已将对现有加工企业进行技术设备改造和兴建新的加工厂两条主要措施明确列入规划之中。其他各国都在进行工业化改造和建设，极度缺乏各种生产制造技术，而这无疑为我们创造了国内制造业过剩转化的一个利好空间。加强相关工程技术服务领域的合作可转移国内过剩产能。

6.6 加快研究中亚国家行业规范、标准，对外输出中国国家标准

标准、规范是相关产品、技术国际化推广的主要瓶颈，中国是"世界工厂"，我国的产品在国际上发生了很多贸易争端或者贸易制裁。在相当程度上是因为我国的国家标准(GB)标准不被西方国家所接受，在欠发达地区又与各大国博弈，而行业标准和规范都是以西方先进国家为代表，"中国制造"只是以"低端消费"被普遍接受，然而"GB"在很多领域的技术指标与国际水平相当甚至更高，却不被认可。因此，急需相关行业部门牵头，与中亚国家进行标准对接和认证，为中国相关产业"走出去"奠定基础，增大中国产品和技术在该地区的核心竞争力。

6.7 建立健全境外投资商业保险机制

目前,除了中国出口信用保险公司这一家非营利政策性金融机构之外,没有其他商业保险公司就境外投资提供保险。且中国出口信用保险公司不对所有国家项目承保,保险产品也有很大的局限性,建议从国家大局出发,建立健全境外投资商业保险机制,为中资企业海外投资增加信心,保驾护航。

6.8 建立“一带一路”中亚区域人才智库

“一带一路”建设必将开辟新的大时代。科技人才是“一带一路”重要的智慧力量,科技人员要结合“一带一路”的重点方向、重点布局和重要任务,加强顶层设计,推进科技体系创新,凝聚国际创新资源,在构建国际协同创新平台的同时,整合国际化商务、咨询人才智力资源,打造中亚区域专家人才智库。作为国际区域科技综合服务体系,应整合商务、咨询各种资源,发挥智力资源最大协同效用。

7 加强境外风险识别和风险控制、防范

7.1 境外风险的特点

基于风险的客观性、不确定性等属性，企业在境外经营过程中遭遇风险是不可避免的。由于境外经营风险与企业在国内所遇到的风险有很大不同，同时在走出去的背景下，很多企业是初次走出国门，对目标国家的政治、经济、法律等完全陌生，即便是一些在境外经营多年的企业，当拓展新的国别市场时也会遇到同样的问题。因此，风险识别是企业拓展海外市场的重要课题。每一次大的风险事件的发生，都会对企业造成巨大的损失，这些影响也直接或间接地殃及东道国以及国内相关企业，给企业造成损失的同时也有损中国企业和国家的形象。

结合众多境外风险案例，对企业境外经营的外部环境所造成的风险进行分析和总结，主要有以下特点。

1. 全球性的贸易保护主义盛行

2008 年以来的金融危机，对欧美等发达经济体造成巨大冲击，同时，新一轮的贸易保护主义纷纷抬头，对于重点依靠对外贸易的企业来说，贸易保护主义的利剑时刻悬在它们的头顶，涉及企业境外经营的各个方面，如不能有效地规避和控制，将极大地影响企业正常的经营活动。

2. 发展中国家和欠发达国家的政治、经济环境不容乐观

中国企业在境外投资和对外承包工程领域的主要目标市场是一些发展中国家和欠发达国家，这些国家通常存在政治风险较高、法律体系欠佳、对外债务沉重、治安环境恶劣等情况。这些潜在的国家风险如果不能及时识别、有效防

范，也会对企业境外业务造成一定影响。

3. "中国威胁论"影响中国企业在境外的有序经营

"中国威胁论"由来已久，早在新中国成立时西方国家就有此论点，尤其是中国加入世贸组织以来，经济飞速发展，对外贸易额比重逐年加大，对外经营规模也不断扩大，西方媒体、学者、专家发表了一系列"中国威胁"言论。加之将一些项目或者企业的环境污染、一些国家失业人口的增加、民族企业产品竞争力受到冲击等问题归咎于中国，进而导致"反华""排华"等事件屡见不鲜。由此而来的负面的"中国因素"成为中国企业境外经营面临的又一难题。

4. 企业自身能力不足也是影响企业境外经营的又一因素

境外经营所面对的市场是多元的，尤其针对不同政体的国家，如何借鉴成功的风险管控经验，并不是一个简单的问题。一些惯性思维通常会影响企业对项目风险的判断，如果把在国内成功运作的项目经验借鉴到国外，或者把欧洲成功的经验借鉴到美洲，或者把非洲成功的经验直接复制到中亚。虽然这些经验都是境外经验，有一定的借鉴价值，但总体来看，面对不同国家的项目，风险也不同，尤其是在进入一个新的市场时，企业应该重新评估风险。

另外，还有部分急于走出去寻找新市场的企业存在前期使用运作深度不够的问题。在谈判过程中对自己熟悉的技术类条款没有跟外方进行深入交流，诸如标准、规范等细节，或者为了争取项目而忽略这些细节。另一方面，是对于投资经营环境风险的研判不足，如基础设施条件（进场道路、施工用电、运输条件）、人员签证、劳工比例、当地税赋等情况经常被忽视，给后续工作造成不必要的麻烦或者损失。

风险意识不强，有很多中国企业由于没有在前期做专业的风险评估，尤其是现汇项目，通常缺乏系统的风险处理预案，在风险发生后临时采取一些应急处理方式，由于时间紧迫，选择的处理方式在成本和效果方面往往不尽如人意，如最佳的规避国别风险的工具是政治风险保险。

7.2　风险识别的原则

风险识别是风险管控过程中最基本和最重要的环节，只有正确地识别风险，才能为后续分析和评估风险做好准备，企业才能采取合理的应对措施来控制风险带来的影响。然而，项目风险种类众多，来自各个层面，涉及不同领域，且很多情况下风险是潜在的，新的风险有可能随着时间的变化不断出现。因此，风险识别最重要的工作就是不能忽视任何风险单元，特别是对项目整体目标有重大影响的风险。在风险识别过程中应遵循以下原则（全球风险分析报告，2015）。

1. 系统性和全面性原则

风险识别是风险管控的基础环节，系统性、全面性是识别阶段最重要的原则。系统性是指风险识别工作按照项目生命周期，针对不同的阶段和不同状况均有详细的识别策略和计划，如在项目前期决策和项目执行阶段，在二次风险、风险残留和风险相关性方面均应有针对性的识别方法和策略。全面性是指风险识别工作覆盖项目的全部风险，做到全面、不遗漏是风险识别工作的基本要求。

2. 由粗及细和由细及粗原则

由粗及细是指在对各种可能的潜在风险进行全面分析的基础上，通过多种途径对风险进行分解，逐步细化，从而得到项目初始的风险清单。由细及粗是指以初始风险清单为基础，从众多风险中确定那些对项目目标实现有较大影响的风险因素，将其作为主要风险，详细识别其来源、特征和影响，为后续的评估提供准确的目标。

3. 多种识别方法组合应用原则

每个项目可能同时遇到各种不同性质的风险，很难利用一种方法实现潜在风险的识别，因此必须综合运用多种识别方法。对于一些特定情况，还需要根据实际情况采用特别的识别方法。例如，对于不熟悉的领域，企业应寻求专业机构的帮助来识别风险；对于一些影响较大的潜在风险，还要采取不同方法组合识别，以期透彻地掌握风险状况。

4. 谨慎排除疑似风险原则

对于疑似风险，应该谨慎对待，不能轻易否定或排除。对于不能最终确认的风险，不能排除，应按确定的风险处理。

5. 动态持续原则

风险是动态的，对风险的识别也应该是动态的、持续的过程。在项目的整个生命周期中，在初期全面的风险识别工作完成后，一方面应该动态监控已经识别的风险的变化，并分析这些变化的性质和影响，另一方面还要随时监控新产生的风险。因此，企业必须制订一个连续的风险识别计划。

7.3 风险识别的方法

境外投资风险识别是在对其特征、规律及危害程度认识的基础上，结合企业自身的实际情况，对海外的各类经营风险做出的最基础的判别，即判断某些事件或条件是不是潜在的风险。通过风险单元的辨识，确定风险源并划分风险类型，为下一步评价风险发生的概率预测及可能的损失对企业的影响提供依据。

风险识别的方法有很多种，如头脑风暴法、德尔菲法、经验法、调查法、风险库对照法等，成熟的企业会以自身经验为基础，结合调查和风险库识别项目的潜在风险。而对于大多数刚刚开拓国际市场的企业来说，由于缺乏可借鉴的经验，则可以依靠调查和风险库来帮助企业快速辨别潜在的风险。对于风险管控成熟的企业，还应该根据自身情况，制定《境外风险识别评估管理办法》来规范风险识别工作。

1. 文件分析法

文件分析法是对项目现有的各类文件进行合规及完整性审核，以发现并识别风险的方法。对于有经验的企业来说，文件分析法是最有效、成本最低的风险识别法。运用文件分析法，除了基本的项目文件外，还应收集与项目相关的各类信息，包括项目所在国的政治、经济、文化、法律、环保、治安、基础设施、通信状况等非技术类信息，以及类似项目的工期、报价、技术条件等相关技术资料。

2. 头脑风暴法

头脑风暴法是风险识别最常用的方法，是指通过会议的形式充分发挥与会者的创造性思维、发散性思维和专家经验来识别项目风险。其最终目的是获得一份全面的风险列表，以备在将来的风险评估过程中进一步加以确认。

3. 德尔菲法

德尔菲法是在20世纪60年代由美国兰德公司首创的为避免集体讨论存在的屈从于权威或“废止”服从多数的缺陷，而提出的一种特殊的策划方法。它采用电子邮件、电话、传真等通信方式分别将所需解决的问题单独发送给各个专家垂询意见，然后回收汇总出全部专家的意见，并整理出综合意见和预测问题，再次反馈给专家垂询意见，如此反复，逐步取得比较一致的预测结果。该方法最初用于预测领域，后来广泛应用于信用评级领域评价指标的建立。德尔菲法既能充分发挥专家的作用，集思广益，又能把专家意见的分歧点呈现出来，但该方法的缺点是过程较复杂，耗时较长。

4. 访谈调查法

访谈调查法是与不同的项目人员、外部专家及其他人员进行有关某一项目风险的访谈，其结果有助于发现那些在常规计划中未被识别的风险。访谈调查法用于新市场开发时，如果访谈的对象是在该市场有一定经验的中资企业，将帮助企业快速了解项目的风险情况，并快速形成潜在风险清单，对企业识别风险非常有效。

5. 风险库对照法

风险库对照法是简便易行的风险识别方法，该方法是利用企业经验或专业机构支持编制的风险识别库，一一对应核查项目的潜在风险。

6. 图示法

图示法是一种直观有效的风险识别方法，它可以帮助风险分析人员分析和识别项目稳中有降环节存在的风险，以及项目风险的起因和影响。常见的图示技术有因果分析图、系统和过程流程图、影响图、鱼刺图等。

风险辨识的方法有很多，企业在进行风险管控过程中要选择合适的方法，同时也要考虑相应的成本。对于影响比较大的风险，需要花费较大的精力，用多种方法进行识别，尽可能多地掌握潜在风险的情况，成本较高；对于影响较小的风险，则可以选择单一方法，以降低成本。

7.4　识别主要非技术类风险

企业非技术类风险的识别与技术类风险的识别有很大的不同，主要表现在以下3点：一是涉及的范围广，涵盖从主权、政治到具体财税办理流程等方方面面；二是企业相关经验缺失，对于很多潜在风险，若无相关经验，根本无从考察；三是企业缺乏相关的专业人才，没有进行系统的思考。因此，对于这些风险，仅提供一些基本风险辨识数据供参考。

(1)国家风险：包括政局稳定性、经济状况、金融环境、制度环境、政府政策、民众意见、意识形态、宗教、同周边国家的关系等。

(2)法律环境：包括公司设立、破产保护、法律适用性和冲突、各类纠纷解决等。

(3)安全风险：包括战争、恐怖袭击、绑架挟持、暴乱、社会治安、民族宗教矛盾等。

(4)汇率风险：包括经济环境、地区经济、财政政策、税制、物价上涨、利率、汇率等。

(5)自然风险：包括气候、地震、火灾、爆炸、考古发现等。

(6)环保风险：包括环保法律法规、环保许可、民众社区诉求、非政府组织诉求、生态环境保护、噪声、废弃物污染等。

(7)劳工风险：包括劳工政策、劳务配额、工会活动、罢工情况等。

(8)其他风险：包括许可要求、政策和惯例、土地使用、社会经济影响、民众意见、海外媒体对项目的负面报道、海外敌对势力对项目的干扰等。

7.5 风险控制原则及防范

7.5.1 风险控制需要遵循的原则

1. 事前原则

风险的事前控制，即从获得项目信息开始，对项目各阶段的内外部环境因素进行详尽的分析，综合评估各种潜在的风险单元，并对可能的影响结果进行预测。根据预测结果提供针对性的措施建议，积极应对，保证项目始终沿着正确的轨道进行，从而实现项目目标。遵循事前控制原则，可以最大限度地降低企业风险管控成本。

2. 适时控制原则

风险是动态的，并且随着项目的进展而不断变化。事前控制原则下的风险管控还要体现适时性，即风险控制活动不是风险发生前的一次一劳永逸的付出，也不是风险发生后的"亡羊补牢"，风险控制应该是针对经营活动中各种风险的适时应对。因此，在制订风险控制方案时，要充分体现适时控制原则。

3. 全面控制原则

事前控制和适时控制从风险管控的时机和成本入手，可以最大限度地提高风险管控效果并降低成本。而风险无处不在，贯穿项目经营的全过程。因此，要做好项目的风险控制，还应该遵循全面控制原则，即将风险控制始终进行于事前、事中、事后全过程。事前控制作为基本原则之一，可以最大限度地降低风险。事中控制是风险发生后，风险损失已经发生，为避免损失继续扩大甚至恶化所采取的控制决策。事后控制将风险管控的结果与预期结果进行比较与评价，然后根据偏差情况查找具体的风险成因，总结经验教训，调整后续经营策略。

4. 风险与对策匹配原则

风险控制需要花费人力、物力、财力，如果规避或者降低某一风险的成本高于风险发生后的损失，那是得不偿失的，所以风险控制需要有一定的弹性。

针对某一项目的每个风险单元，在实施风险评估后应合理配置管控手段，这样既能降低风险发生的可能性和减少损失，又能控制成本支出，这就是风险等级和控制手段匹配原则。

7.5.2 风险防范措施和机构

风险防范需要企业善于利用多方资源，发挥政府和相关机构职能。企业在境外经营所遇到的各类风险，除技术类风险需要依靠企业自身的技能外，其他非技术类的各种风险的管控都需要很强的专业技能，而这些技能往往是企业所不具备的。所以，企业应该依靠自身资源，这里指包括人、财、物 3 个方面的资源，且需要依据企业前期的风险评估制订相应的预案并根据项目的实际情况实施。

其次，还应该用好各种外部相关资源。这些资源可以在政策层面、突发事件、善后处理等方面为企业提供有效的帮助，这些资源包括政府、商会、金融保险机构、律师事务所、会计师事务所等。

伴随着中国企业走出去面临的风险不断增加，政府相关部门频繁发布针对中国企业的境外风险预警，出台相关政策并提供各类保障，政府部门的作为为企业境外经营提供了有力支持。

很多企业（指的是大部分私营企业）没有意识到政府是中国企业跨国经营的坚强后盾，企业在走出去的过程中要用足、用好政府的各项政策和服务，以化解风险。

1. 商务部

商务部是中国企业境外经营活动的主管部门，在应对境外风险方面，企业应该了解商务部的相关职能并充分利用。

一是商务部开发了境外投资合作统计系统，覆盖 90% 以上的在外企业、项目和人员信息。一旦中国企业在境外出现问题，商务部能迅速掌握信息，为妥善处置境外安全事件提供有效保障。企业在境外投资经营，应第一时间向所在国经商处报到，获得政府部门的相关支持。

二是商务部会同有关部门建立了境外风险预警制度，加强对热点地区安全形势的监测、分析、研判，并通过商务部网站及时发布各种预警信息，企业可以快速了解境外风险的相关情况。

三是商务部对到高风险国家设立分公司和实施项目的企业加强管理，要求企业提供项目的安全评估报告。督促企业充分重视项目风险。

四是商务部提供政府公告，定期发布境外投资合作国别地区指南、国别贸易投资环境报告，给企业防范境外风险提供指导，组织企业境外经营人员进行境外安全培训，商签双边投资保护协定，帮助企业解决遇到的境外风险问题等。

商务部还发布了《境外中资企业机构和人员安全管理指南》，主要目的是指导企业建立科学的境外安全风险管控体系，加强事前管理，进而有效规避和控制风险。

2. 国务院国有资产监督管理委员会(简称国务院国资委)

作为央企的监管部门，国务院国资委在强化央企风险管控方面有相对严格的要求。针对央企的境外经营业务，国务院国资委联合商务部印发了《关于加强中央企业境外安全风险防范工作的紧急通知》，要求央企在海外加强风险防范工作。企业应该时刻关注国资委的相关要求，合规经营。

3. 外交部

外交部可以为中国企业境外经营提供领事保护服务。企业应关注外交部网站的领事保护动态，如果发生与人员安全相关的风险事件，应及时寻求外交部的支持。自加入世贸组织以来，中国外交部一直比较重视经济外交工作，经济外交已经成为外交工作的重要组成部分。2012 年在原“经济外交与合作”办公室基础上，外交部设立国际经济司，从政治和外交上协调、研究和参与联合国及有关国际、区域合作框架内的经济与发展合作和相关业务。企业在走出去的过程中应该善于利用外交部的这些职能，而不仅仅是在遇到外交问题时才向所在国的中国领事馆寻求帮助。

4. 中国出口信用保险公司

作为中国唯一承办出口信用保险业务的政策性金融机构，中国出口信用保险公司(简称“中国信保”)在提供保险产品帮助企业转移风险损失的同时，还提供境外风险咨询服务，协助企业识别和规避境外风险。

中国信保在原有国别风险研究的基础上成立的国别风险研究中心，是国内最权威的国家风险研究机构之一，其每年出版的《国家风险分析报告》是企业识别国别风险的权威参考。

5. 商会协会

中国对外承包工程商会和中国机电产品进出口商会是企业境外投资、对外承包工程、劳务合作、机电成套设备出口的行业管理和协调机构，企业境外经营过程中应该充分借助商会的职能和资源，促进业务发展。

随着中国企业境外经营规模的不断扩大，更多的行业协会本着为企业服务的宗旨，不断推出各类支持企业境外经营的产品和服务，企业应合理利用这些资源。

6. 中国贸促会

中国贸促会同全球200多个国家的工商界建立了联合商会，同时还在十几个国家建立了驻外代表处，在对外经济中发挥着重要作用。企业应加强同贸促会及其驻外机构的联系，便于获得相关的信息和支持。

7. 保险机构

政策性保险机构和商业保险公司提供的各类保险产品，是企业境外经营转移政治风险和商业风险的有效手段。同时，保险机构均有风险咨询服务，可以帮助企业识别和管控境外经营风险。在全球范围内，很多保险公司都可以承保政治风险，除各国的出口信用保险机构外，国际上一些比较大的保险公司，如伦敦劳合社、AIG、美亚保险、英国的ECGD、日本的NEXI等均承保政治风险。中国出口信用保险公司是中国唯一的政策性承保政治风险的保险机构。

8. 法律服务

法律是企业开展境外经营的基础，在律师事务所的选择上，企业应该综合考察该律师事务所擅长的行业及国别，尤其是考察其在相关项目方面的经验。

9. 会计师事务所

境外财税方面的咨询服务通常由会计师事务所承担，企业可以根据自身业务的特点及所能承受的咨询费灵活选择。

8 结 论

"一带一路"是世界上跨度最大的经济走廊,也是世界上最具发展潜力的经济带。它贯穿欧亚大陆,东边连接着繁荣的亚太经济圈,西边进入发达的欧洲经济体,中间分布的大多是新兴经济体和发展中国家,沿线覆盖总人口44亿,经济总量约29万亿美元,分别占全球的63%和29%。

中亚五国(哈萨克斯坦、乌兹别克斯坦、土库曼斯坦、吉尔吉斯斯坦和塔吉克斯坦)位于欧亚大陆的结合部,是建设丝绸之路经济带的重要通道,能源资源非常丰富,与我国经济结构具有明显互补性。由于中国能源进口结构优化的内在需求以及中亚与中国存在的政治安全、经济贸易等多方面的联系,中亚或将成为中国近期能源、资源外交的重点地区。加强中国和中亚五国的经贸合作,对贯彻"向西开放"战略、建设丝绸之路经济带有着极为重要的意义。如何在这一地区提高中国与西方国家竞争优势,加大中国在中亚能源地缘格局中的话语权和影响力,势必成为一个长期的重要议题。

企业在境外经营所遇到的各类风险,除技术类风险需要依靠企业自身的技能外,其他非技术类的各种风险的管控都需要很强的专业技能,而这些技能往往是企业所不具备的。所以,企业应该依靠自身资源,这里包括人、财、物3个方面的资源,且需要依据企业前期的风险评估制订相应的预案并根据项目的实际情况实施,并且要用足、用好政府的各项政策和服务,以化解风险。

主要参考文献

陈超，陈正，金玺. 吉尔吉斯斯坦共和国主要矿产资源及矿业投资环境分析[J]. 资源与产业，2012，14(1)：37－42.

陈正，蒋峥. 中亚五国优势矿产资源分布及开发现状[J]. 中国国土资源经济，2012(5)：34－39.

成守德，刘通，王世伟. 中亚五国大地构造单元划分简述[J]. 新疆地质，2010，28(1)：16－20.

观察者管网. 俄罗斯、白俄罗斯、哈萨克斯坦组建欧亚经济联盟，西方担心“重建苏联”[N]. 观察者，2015－04－3.

国家开发银行. 塔吉克斯坦国家规划咨询报告[R]. 北京：国家开发银行，2012.

国土资源部. 中国矿产资源的报告[R]. 北京：国土资源部，2014.

国土资源部信息中心，中国地质调查局发展研究中心. 矿产资源勘查投资指南之吉尔吉斯斯坦[R]. 北京：国土资源部信息中心，2011.

国土资源部信息中心. 河南省地勘局第二水文地质工程地质队，哈尔滨工业大学. 矿产资源勘查投资指南 2011 之哈萨克斯坦[R]. 北京：国土资源部信息中心，2011.

国土资源部信息中心. 世界矿产资源年评 2009—2010[M]. 北京：地质出版社，2011.

何国琦，朱永峰. 中国新疆及其邻区地质矿产对比研究[J]. 中国地质，2006，33(3)：251－260.

胡鞍钢. “丝绸之路经济带”：战略内涵、定位和实现路径[J]. 新疆师范大学学报(哲学社会科学版)，2014，35(2)：1－10.

纪忠元，项仁杰，刘吉成，等. 世界矿情(独联体卷)[M]. 北京：地质出版社，

2010.

李大传.我国和中亚五国经贸合作现状、问题与对策[J].宏观经济管理,2014(1):56-58.

李恒海,邱瑞照,等.中亚五国矿产勘查开发指南[M].武汉:中国地质大学出版社,2010.

李恒海,邱瑞照,等.中亚五国矿产资源勘查开发指南[M].北京:地质出版社,2010.

刘娜.矿产富国——吉尔吉斯斯坦访中国驻吉尔吉斯斯坦大使馆经济商务参赞处[N].中国联合商报,2010-9-6.

米兰诺夫斯基.俄罗斯及其毗邻地区地质[M].陈正,译.北京:地质出版社,2010.

施俊法,李友枝,金庆花,等.世界矿情(亚洲卷)[M].北京:地质出版社,2006.

宋国明.吉尔吉斯斯坦矿业投资环境[J].国土资源情报,2002(11):50-53.

涂光炽.初议中亚成矿域[J].地质科学,1999,34(4):397-404.

汪民,等.世界矿业投资环境分析报告[R].北京:国土资源部信息中心,2014.

王正立,张迎新,耿卫红,等.中亚五国矿业投资环境分析[M].北京:中国大地出版社,2004.

张国宝.我亲历的中亚天然气管道谈判及决策过程[EB/OL].http://news.xinhuanet.com/energy/2016-01/05/c_128595436.htm.

中国出口信用保险公司.全球投资风险分析报告[M].北京:中国财政经济出版社,2015.

中国出口信用保险公司资信评估中心.中国企业境外投资和对外承包工程风险管理及案例分析[M].北京:中国经济出版社,2015.

中国地质调查局发展研究中心,中国地质调查局地质调查中心.应对全球化全球矿产资源信息系统数据库建设(之十四)[R].北京:中国地质调查局,2009.

中国地质调查局西安地质调查中心. 中亚五国矿业法汇编[R]. 西安:西安地质调查中心,2012.

中国驻吉尔吉斯斯坦大使馆经济商务参赞处. 对外投资合作国别(地区)指南——吉尔吉斯斯坦[M]. 北京:中国商务出版社,2014.

CentralInte lligence Agency. The world factbook[R]. Washington: GentralIntelligenle Agency, 2012.

Richard M Levine, Wallace J. 2007 Minerals Yearbook[R]. Reston(Virginia): U. S. Geological Survey, 2007.

Richard M Levine. 2009 Minerals Yearbook[R]. Reston(Virginia): U. S. Geological Survey, 2009.

Абдурахимов Б. А. , Охунов Р. В. УГОЛЬНАЯ ПРОМЫШЛЕННОСТЬ ТАДЖИКИСТАНА: СЫРЬЕВАЯ БАЗА, СОСТОЯНИЕ И ПЕРСПЕКТИВЫ РАЗВИТИЯ, Душанбе, 2011.

Каримов И. А. Мировой финансово－экономический кризис, пути и меры по его преодолению в условиях Узбекистана. － Ташкент: Узбекистан, 2009.

Никоноров В. В, Караев Ю. В, и др. ЗОЛОТА КЫРГЫЗСТАНА 1, Бишкек, 2004.

Никоноров В. В, Караев Ю. В, и др. ЗОЛОТА КЫРГЫЗСТАНА 2, Бишкек, 2004.

Никоноров В. В, Караев Ю. В, Борисов Ф. И, Золота Кыргызстана. Бишкек, 2004г.

Ташкентская декларация глав государств — Шанхайской организации сотрудничества. Т. Народное слово. 22 июня 2004.

Ханкельдиева Г. Ш. Об особенностях управления энергообеспече— нием в центральноазиатском регионе//Общественные науки в Узбекистане. — Ташкент, 2008(1－2): 100－102.

Ходиев Б. Ю. . Мировой финансовый кризис, пути и меры по его преодоленю в условиях Узбекистана//Тез докл. межд. конф. Ташкент, 2009.

Ху Цзиньтао. Выступления председателя КНР на саммите《Группы 20》в

Лондоне 3 апреля 2009 года.

Цзян лань. Отрудничество Китая со странами Центральной Азии в углеводородной сфере. Проблемы и перспективы социокультурного и экономического взаимодействия стран—членов Шанхайской организации сотрудничества. Тез. докл. науч. конф. - Екатеринбург:ИЭ УрО РАН, 2012.

Цзян лань. Перспективы развития экономического сотрудничества Китая со странами Центральной Азии. Т. : "IQTISODIYOT",2015.

Цзян лань. Перспективы развития экономического сотрудничества Китая со странами Центральной Азии. Т. : "IQTISODIYOT", 2015отрудничество Китая со странами Центральной Азии в углеводородной сфере. Проблемы и перспективы социокультурного и экономического взаимодействия стран — членов Шанхайской организации сотрудничества. Тез. докл. науч. конф. - Екатеринбург:ИЭ УрО РАН, 2012

Цинь Фанмин. Процесс и перспектива экономической интеграции союза Центральной Азии//Исследование восточной Европы и Центральной Азии. — Пекинн, 2007.

Щербанин Ю. А., Рожков К. Л., Рыбалкин В. Е., Г. Фишер. Международные экономические отношения. Интеграция. — М. : Банки и Биржи, юнити, 1997.

Юй Хунюню. Ожидания от партнерства: взгляд из Пекина//Экономическое обозрение. — Т. , 2006(4):43.